哲学がわかる

シティズンシップ

哲学がわかる

シティズンシップ

民主主義をいかに活用すべきか

リチャード・ベラミー　　千野貴裕、大庭大 訳

A Very Short Introduction

Citizenship

岩波書店

CITIZENSHIP
A Very Short Introduction
by Richard Bellamy

Originally published in English in 2008 by Oxford University Press, Oxford.

This Japanese edition published 2023
by Iwanami Shoten, Publishers, Tokyo
by arrangement with Oxford University Press, Oxford.

まえがき

シティズンシップについての優れた一般的な入門書は多くあるが、私の考えでは、そのほとんどは大抵次の三つの欠点のうち少なくともひとつを抱えている。第一に、専門用語を使いすぎ一般読者への訴求力を欠く研究者によって書かれているか、さもなければ、この主題に関する最新の研究を見逃すか無視している非研究者によって書かれていること。第二に、シティズンシップの政治的側面を犠牲にして、社会的、道徳的、または法的側面に焦点を当てていること。第三に、古代ギリシアから現代のコスモポリタンなシティズンシップの概念への着実な進歩という、シティズンシップの歴史に関するいくぶん直線的な見方を提示する一方で、実際にはその大部分が遠い過去に形成されたものである観念や想定を現代に移し替えて適用することにまつわる多くの問題を見逃していること。本書で私は、これらの欠点に対するいかほどかの補正を提供することを試みた。私が目指したのは、第一に、シティズンシップに関する最新の研究をアクセスしやすい仕方で提示すること、第二に、シティズンシップの除去しがたい政治的性質を強調すること、そして第三に、今日のシティズンシップの可能性そのものが直面しているいくつかの課題を探ること、である。

デモクラシーとシティズンシップに関する、過去二五年にわたる私のさまざまな講義を受講したエジンバラ大学、イーストアングリア大学、レディング大学、エセックス大学、およびユニヴァーシティ・カレッジ・ロンドンの学生、そして、これらの問題について研究する、私が指導した多くの博士課程学生から、この仕事に関する多大な助けを得た。また、本書の議論をかたちづくることになった、シティズンシップの意味と本性についての数々の議論を私と交わしてくれた様々な友人、家族、過去および現在の同僚に感謝する。特に、マルコム・アンダーソン、ルカ・バッチェリ、ナイジェルとスティーブ・ベラミー、ピエトロ・コスタ、バーナード・クリック、アラン・クロマティ、エイミーとルイーズ・ドミニアン、ジョン・グリーナウェイ、リチャード・ガン、クリス・ヒルソン、バリー・ホールデン、故マーティン・ホリス、セシル・ラボルド、アンドリュー・メイソン、ケイト・ナッシュ、アレッタ・ノーヴァル、ティム・オヘイガン、サラ・プレイデン、エミリオ・サントロ、アラン・スコット、ジョー・ショウ、ニアム・ニック・シューブネ、ジョン・ストリート、カール・スティチン、ジム〔ジェームズ〕・タリー、アレックス・ウォーリー＝ラック、アルバート・ウィール、アンドリュー・ウィリアムズ、ダニーロ・ゾロ。特に別して名前を挙げる必要があるのが、EUのシティズンシップを扱うさまざまな研究プロジェクトでの一〇年以上の協働の過程で、これらの問題について私と議論してくれただけでなく、親切にも本書の初期の草稿を読んでコメントすることに同意してくれたダリオ・カスティリオーネである。そして、末筆になるが同じく深い感謝を表したいのが、オックスフォード大学出版局のスタッフ、とりわけ本を完成させるよう私をせっついてくれたジェームズ・トンプソン、本書をいかに一般読者にとって読みやすいものにするかについて有益なコメントをくれた編集者のアンドレア・キーガン、そして図版の入手を手伝ってくれたデボラ・プロテローである。

凡例

- 文中の〔 〕は訳者による補足を示す。
- 文中に挿入された引用文の邦訳は、特記のない限り以下の通りである。原典が英語で書かれている場合は、基本的にはすでにある邦訳の訳文を引用した。原典が英語以外の言語で書かれている場合は、著者による英語での引用を訳者が邦訳した。
- 引用文の出典情報は、邦訳書を紹介するのみにとどめた。なお、原文には引用元の典拠が明記されていないため、訳者が引用文から引用元を調べた。
- 原文では、古典ギリシア語とラテン語の表記が一貫していないが、邦訳ではすべて単数主格に統一した。また、便宜上、古典ギリシア語の長母音は短母音と区別せずに表記した。
- 多義的な原語については、文脈に応じて複数の訳語を充てている。必要があると思われた場合には、原語がわかるようにルビを付した。

目次

装幀・中尾　悠

1　シティズンシップとは何か、そしてなぜそれが問題なのか？

シティズンシップへの関心はかつてなく高まってきている。あらゆる党派の政治家と同様に、教会の指導者や産業界のリーダーもシティズンシップの重要性を強調している。また、世界の貧困問題に取り組むグローバルな運動の支持団体から、地域犯罪の撲滅を目指すようなローカルな目的を主にもつ団体まで、あらゆる種類の社会運動グループも同じくその重要性を強調している。世界中の政府が、各種学校や大学でのシティズンシップ教育を促進し、帰化市民になろうとする移民向けのシティズンシップ・テスト★を導入してきている。二重のシティズンシップや国を超えたシティズンシップから、コーポレート・シティズンシップやグローバルなシティズンシップに至るまで、シティズンシップの種類は絶え間なく増加している。投票率の低下、一〇代での妊娠

★　ある国のシティズンシップを申請する人が、その国の法律、慣習、文化や一般的な社会常識に通暁しているかを確認するとともに、しばしばナショナルな忠誠心を試すテストのこと。

数の増加、あるいは気候変動など問題が何であれ、それらの解決策の一部としてシティズンシップの再活性化を誰かしらが提案しているのである。

シティズンシップの種類と範囲のこれほどの多様さは、私たちを少々困惑させる。歴史的に、シティズンシップは政治共同体の特定の成員資格《メンバーシップ》に関する特権と結びついてきた。政治共同体において市民の地位を享受する人は、他の市民と対等な立場で、社会生活のルールをつくる集合的意思決定への参加資格を有する。換言すれば、シティズンシップは、何らかのデモクラシーの形態における政治参加――とりわけ投票する権利と連動してきた。狭義の政治に焦点を合わせることの伝統的な説明への代替として、さまざまな新しいシティズンシップの形がたびたび提示されてきている。だが、他者とのあらゆる関わり合いにおいて生じる人びとの権利と義務を包含するほどまでにシティズンシップ概念を拡張しすぎることは、いくつかの点では正当化されるとしても、特別な種類の政治的関係性としてシティズンシップがもつ重要で独特な役割を覆い隠してしまうことになりかねない。シティズンシップは、王政や独裁政治における臣民などの他の種類の政治的属性と異なるだけでなく、親、友人、パートナー、隣人、同僚あるいは顧客などの他の種類の社会関係とも異なっている。

民主的な政治共同体の本性《ほんせい》と市民であるために求められる資質は、長い時間とともに変化してきた。シティズンシップ概念を最初に生み出した古代ギリシアの都市国家は、古代ローマ共和国やルネサンス期イタリアの都市国家と大きく異なっていた。またこれらはいずれも、一八世紀末から一九世紀初めに生まれ、今日のシティズンシップの主要な背景をいまなお提供している国民国家とはとてつもなく異なっていた。大部分において、シティズンシップに対する現代の関心は、政治共同体の、そしてシティズンシップのいっそうの変化――グローバル化と社会の多文化状況という相互に関連した対をなす衝撃によって生み出されたもの――を私たちがいま目撃しているのだという見解を反映したものであると思われる。さまざまな点で〔グローバル化と社会の多文化状況という〕この二つの社会的変化は、市民の共同的生活を調整し規定する能力を国民国家がもっているかを試しており、その過程でシティズンシップの性格そのものを変化させている。

シティズンシップに関するこれらの展開とその帰結は、この本の中心的テーマとなる。本章では、議論の背景を説明して本書全体の課題を提示する。まず私は、シティズンシップがなぜ重要なのか、なぜ政治の用語で理解される必要があるのかを検討することから始めたい。次に、シティズンシップのより精確な定義へと移っていきたい。最後に、現代社会が直面している具体的状況と一般論の両方において、シティズンシップが目の当たりにする課題のいくつかに言及して本章を締めくくりたい。

なぜ政治的シティズンシップなのか？

シティズンシップは伝統的に、ある政治共同体に関する具体的な公共的権利と義務を含む政治的実践の特定の集合を指してきた。人間関係一般を含むまでにその意味を拡張することは、共同体において共に生活する状態を形成し維持するために市民が取り組む、政治特有の課題の重要性を損なってしまう。疑いなく、こうした課題の中でもっとも一般的かつ一番重要なことは――まずは投票を通じて、また意見表明や、さまざまな方法での政治活動への関与や立候補を通じて――デモクラシーの過程に参加することである。実際にそうするかどうかにかかわらず、市民がデモクラシーの過程に参加できるという事実は、それ以外の自分の責任、例えば、自分は反対したが民主的に成立した法律を遵守することや、税金の支払い、兵役への服務といった責任を、市民がどう考えるかに影響する。また、デモクラシーの過程に参加することは、市民の共同的利益を促進し、政治的統治者が自分自身の善ではなく公共的な善を追求するよう仕向けるための、もっとも効果的なメカニズムを市民に提供する。

民主的なシティズンシップは、重要であるとともに希少でもある。現在のところ、世界で一二〇カ国程度のみ――言い換えれば世界の六四%ほどの国――が、より自分たちの意向に沿った政治家たちによって現政権を交代させる実現可能性を有権者がもっているという、実質的な意味での選挙民主主義の国である。実際のところ、この意味で五〇年以上にわたり民主主義を維持し、かつ現在も民主主義を採る国はたった二二カ国に過ぎない。第二次世界大戦以降、民主主義が機能している国の数はゆっくりではあれ着実に増えているものの、確かな基盤をもった民主主義国における投票率は、同じくゆっくりとしかし確実に低下している。例えば、一九四五年から二〇〇五年までのアメリカにおける投票率は、一九六〇年における有権者中六二・八%の高水準から、一九九六年における四九・〇%の低水準にまで、一三・八%低下した。またイギリスにおける投票率は、一九五〇年における八三・六%の高水準から、二〇〇一年における五九・四%の低水準にまで、二四・二％低下した。他の国と同様に両国でも、投票者が選挙がいかに接戦であり重要であると感じるかに応じて、過去六〇年にわたり、最高・最低投票率のあいだで大きな変動を経験してきたことは間違いない。一方で、例えばスウェーデンが、一九五八年の七七・四％という非常に穏当な低投票率と、一九七六年の九一・八％という衝撃的な高投票率を経験したように、いくつかの国では投票率はきわめて堅調であり続けているものの、一般的な低下傾向は否定できない。しかし、自分の国の民主政治のあり方に対してますます不満を表明しているとはいっても、市民はデモクラシーそれ自体を承認し続けている。二〇〇〇年から二〇〇二年における世界価値観調査によれば、アメリカでは八九％の回答者がデモクラシーを「政治の良い仕組み」、八七％が「最善の仕組み」とみなしており、イギリスでは八七％が「良い仕組み」、七八％が「最善の仕組み」と考えている（スウェーデンではそれぞれ九七％と九四％であった）。したがって、大半のデモクラシーの制度がもつ欠陥だと思われるものや、その実際の欠陥がなんであろうと、民主主義国の大半の成員は、デモクラシーの重要さを受け入れており、納得できる公正なルールに基づき、また他の市民とおおむね対等な立場で、政府の政策に影響を与えられる見込みがあることこそが市民の明瞭な特徴だと認めているようである。人びとがこうした決定的に重要な機会を欠いている国々では、人びとは良くて客人であり悪くすれば単なる臣民である。世界人口の四〇％に上るほどの多数の人びとは、権威主義的・抑圧的体制のもとにあるのだ。

なぜ投票できることがそれほど決定的なのか？　そして、シティズンシップと一般に結びつけられている他の資質や利益は投票とどのように関係するのだろうか？　アナーキスト以外の誰も

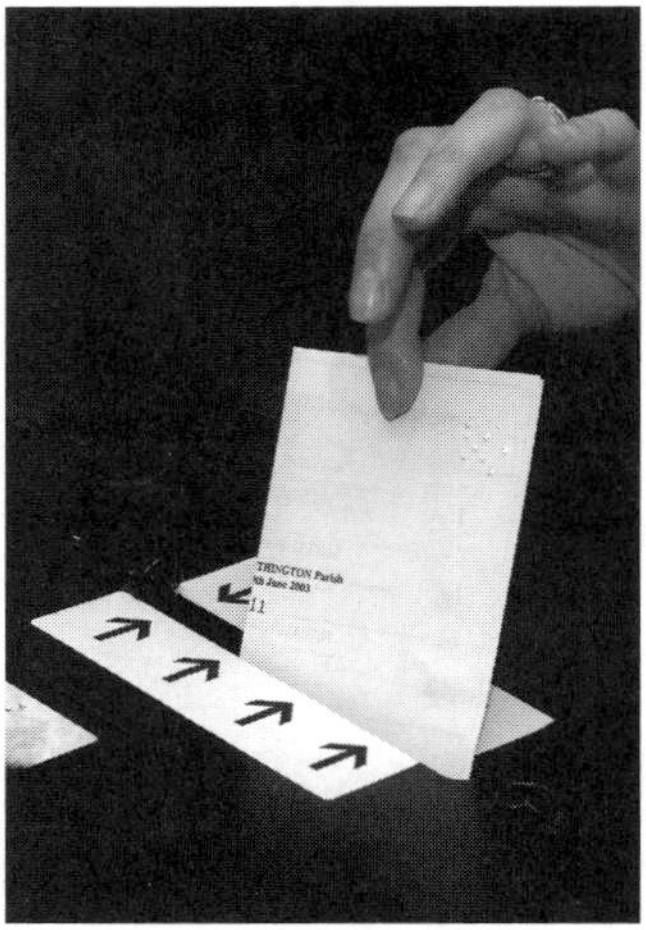

図１　シティズンシップの決定的な特徴は投票する権利である．
©Peter Titmuss/Alamy

が、官僚制、法制度や裁判所、警察力や軍隊といった、必要な規制を定式化して実行するためのさまざまな政治制度とともに、社会的・経済的生活を規制する何らかの安定した政治的枠組みを必要だと思っている。この枠組みは最低限、私たちの身体と財産を他者による物理的加害から守ろうとし、ほとんどの個人がある程度は避けられないと考える社会的相互行為――それが車での移動であれ、ものや労働力の売り買いや、結婚や同棲であれ――のすべてに、明快で納得できる安定した条件を提供するだろう。後で検討するように、この最低限よりも多くのものを私たちが必要としていると、多数の人びとは思っている。だが、何らかの意味で複雑さを備えた社会において、少なくともこれらの最低限の要素を私たちが必要としていることと、今日私たちが国家を連想するような特性を備えた政治共同体のみがこれらの要素を提供することを疑う人はほとんどいない。

ますますシティズンシップと結びつけられるようになってきた社会的・道徳的性質――例えば良き隣人であること――は、どれほど幅広くあろうとも、どんな政治的枠組みにも重要な補完物となることは確かである。規則や規制はすべてのことがらをカバーできないし、強制力のみに依拠して人びとを従わせることもできない。もし、そうしなければ罰せられるという恐れからしか人びとが社会的責任のある行為ができないならば、社会秩序を維持するために全体主義的な余地をもつ警察国家をつくり出す必要が生じるだろう。その処置は、それが防ごうとする無秩序よりもいっそう悪い恐れがある。しかし、私たちは人びとの善行のみに依拠することもできない。その理由は一部の人びとが他者の善意を悪用しうるということのみではない。人間はまた、その知識と推論能力に限界をもつ可謬的存在であって、どれだけ頑張ってみても、間違いを犯したり他者と意見が一致しなかったりするからである。ほとんどの複雑な問題は、多岐にわたる道徳的懸案を引き起こし、そのうちいくつかは互いに衝突するだろう。一方、これらの問題を生み出した原因と結果の連鎖と、問題解決を目指す何らかの決定がどのような帰結をもたらしうるかを確実に知ることは、不可能ではないとしても大変難しいだろう。交通ルール集や交通規制がない状況で、私たち全員が、各自の良い判断力と互いの節度と責任ある行為のみに基づいて、他のドライバーと協調しなければならない場合を考えてみよう。もしすべての人が慎重に行動したとしても、見通しの悪い曲がり角や複雑なインターチェンジのように、満足のいく決定を行うための情報を私たちがまったく欠いている場合もあるだろう。なぜなら、他者がどのような判断をするかを私たちが何らかの確実性をもって予測することはできないからである。こうした場合に、政治的な規制は、例えば信号を取り付けることによって、私たちが他者との関係上何をするべきかがわかるように人びとの相互行為を調整する。このことは、例えば商業などの分野においてある程度の信頼をもって契約を締結したり、将来の計画を立てたりできることを意味する。

納得できる程度に安定的で効率的な何らかの政治的枠組みは――冷酷な僭主が主宰したもので

あっても——こうした利益のいくらかを私たちにもたらすだろう。例として、サダム・フセイン打倒後に、実効的な政治的秩序が欠如した結果、多くのイラク市民が不確実性と不安定性の増大を被ったことについて考えてみればいい。しかしながら、巨大な富、権力あるいは影響力をもたない人びと——つまり大多数の人びと——は、何らかの枠組みがただあるだけでは満足しないだろう。人びとはその枠組みが、政府を含むすべての人に適用されることを求め、どれほど金持ちであろうが社会的地位が高かろうが、すべての人を偏りなく平等なものとして扱うことを求めるだろう。とくに、他の人びとと対等な条件において、また、適度の社会的・政治的安定性を維持することにより、納得できる程度に個人の安全を享受することと両立する限りにおいて、自分の選んだ人生を追求する自由を享受するための、正しい基礎をすべての人に提供するルールがその枠組みに備わっていることを、人びとは求めるだろう。そして、政治共同体の法と政策がこれらの特徴をもつことを保証するために必要な——つねに充分というわけではないとしても——条件は、その国が、選挙民主主義の機能している国であることと、市民たちがその国の選挙民主主義を機能させることに参加していることである。何よりも、政治に関与することは、市民たちがこの枠組みのあるべき形を具体化することを助ける。平等、自由、安全が何を意味するか、そして与えられた環境のなかでこれらの価値を擁護する最善の政策が何かについて、人びとは意見を異にしがちである。デモクラシーは、こうした問いについて市民がおおむね対等な条件において議論し、互いの見方や利益をある程度尊重するようになる可能性を提供する。同様にデモクラシーは、自分自身の利益ではなく、大多数の市民の利益を反映し促進するような統治のインセンティヴを政治家に与えることで、市民たちのうちに生じる関心や条件の変化に応答する政府のあり方を促進する。

たとえその実践はしばしばそう単純ではなくとも、理屈は単純である。もし政治家が、市民をつねに無視するか自分の無能さを露呈し続けるのであれば、いずれその職を失うだろう。さらに、政権党が定期的に交代する、機能している民主主義においては、これに関連して、市民が互いの声を聞くというインセンティヴが存在する。選挙で多数派を形成するためには、市民からなる著しく多様なグループは同盟を結ばねばならず、その過程ではたびたび妥協しなければならない。それだけではなく、次回の選挙で勝者となる同盟の構成は変化しうるため、これらのグループは〔次回は〕自らのグループが排除されるかもしれないことにも自覚的であろう。それゆえ勝者には、つねに敗者のニーズと意見に対して敬意を表する理由があるのだ。

第5章で検討するように、最善の状態における民主的シティズンシップは、このように市民間のある程度の公平性と互恵性を促進する仕方で現れる。例えば、ある選挙区において、有権者の三〇%が年金額の増加を求め、四〇%が減税を求め、六〇%が道路建設の増加を求め、三〇%が列車の増発を求め、六〇%が炭素排出量の減少を支持し、三〇%が人工妊娠中絶に反対し、六〇%が病院へのより良い資金投入を求め、三〇%が学校の改善を求め、二〇%が住宅建設促進策を求め、三五%がキツネ狩り★を支持する場合を考えてみよう。これらの数字は架空のものではある

★ イギリスにおける貴族の伝統的スポーツであったが、現在は禁止されている。

が、政治的課題ごとに支持が分散することは、民主主義国のほとんどで見られる状況と違っていない。ここで、いくつかの政策は両立不可能だろうということに注意しよう。つまり、あることへの支出を増やすならば、他のことにはあまり支出できないかもしれないのであり、病院を改善する支出のために、道路や学校にはあまり支出できない、といったことがありえる。また、ある個人や集団があらゆる課題についてつねに多数派あるいは少数派になり続けることはありえないだろうということについても注意しよう。例えば、キツネ狩りを支持する少数派が、人工妊娠中絶に反対する少数派や、住宅建設促進を求める少数派と完全に重なり合うことはなさそうである。それゆえ、私が、人工妊娠中絶に関する限りは少数派でありつつキツネ狩りについては多数派であることがありえるし、学校教育についての少数派でありつつ道路建設についての多数派である、といったことがありえる。私は、論点ごとに多少異なった集団との同盟を選ぶだろう。

一方で、何が問題であるかについておおむね一致する場合ですら、その問題をもっとも良く解決する政策をめぐって人びとは著しく意見を異にする。つまり、例えば六〇%の多数派は炭素排出量削減を進める必要があるという点で一致するかもしれないが、どのように削減を進めるかについてはなお意見を異にするだろう。多数派のうち三〇%は原子力発電の促進によって、三〇%は風力発電の促進によって、二〇%は自動車の使用削減によって、二五%は環境税増税によって削減を進める等々といったように、である。結果として、ほとんどの人にとって、自分が支持する政策が多数派の支持を完全に得る事態は実際にはめったにないかもしれない。通常、ほとんどの人は別々の少数派に位置づけられ、隣接集団とは部分的に重なりをもちつつもおおむね集団間の区別を維持し続けるだろう。それゆえに、もしある政党が機能する多数派を形成することを望むならば、幅広い論点と政策を横断した少数派間の同盟を構築し、トレードオフをする手はずを整えておかなければならないだろう。このことは、ほとんどの人が、相対立している政党の綱領のなかに、気に入る部分と気に入らない部分をもつことを可能にしている。例えば、あるアメリカの有権者は、民主党員の大多数がもつ人工妊娠中絶についてのスタンスと、共和党員の大多数がもつ経済政策についてのスタンスを好むかもしれない。また、あるイギリスの有権者は、労働党の保健政策と保守党の対EU政策を好むだろう。これらの有権者は、自分がもっとも重要とみなすことに適切な比重をかけたうえで、自分が好むことが優勢かそれとも好まないことが優勢かを基準にして、自分の一票を投じる。論点や人びとの態度が時間の経過とともに変化することに応じて政党の命運は盛衰しがちであり、またこの変化とともに、ある有権者個人が好む政策が多数派あるいは少数派と一致する程度も変化しがちである。「一人一票」は、それぞれの人の選好が公平な仕方で取り扱われることを意味する。その一方で、政党がその綱領の範囲内で人びとのさまざまな意見を扱う必要をもつことは、相互寛容と相互の利益関心の折り合いを一定程度つけるよう、市民たちに強いる。

市民にならずとも公平な政治的枠組みが享受可能な状況を想像することはできる。海外のある安定した民主主義国で休暇を過ごす場合、滞在者は、滞在先の市民とほとんど同じようにその国の法体系や公共サービスがもつ利点の多くから恩恵を受けることがおおよその場合可能だろう。滞在者の市民的自由のほとんどを支えている法律は、市民に対する法律と同一であり、例えば暴行や詐欺に対する市民の権利と同様の権利と、そうした犯罪に巻き込まれた際に公正な裁判を受ける市民の権利と同様の権利を滞在者に提供する。同様に、滞在者は市民と同じ責務の多くを負うだろうし、車を運転する際の速度制限や、多くの品物に対して消費税を払う責務などの、自分に関わってくる法律に従わなければならないだろう。また、シティズンシップと結びつけられてきた、非法律的に規定された社会的義務のほとんども適用されるだろう。〔つまり〕もしこの滞在者が、社会的責任のある人はゴミを拾うべき、道路を横断する老婦人を助けるべき、人種差別や性差別発言を避けるべき、またフェアトレード商品のみを買うべきであると考えているならば、この人は母国にいるときと同様に海外にいてもこうした規範に従う理由をもっている。実際のところ、これに似た判断が、滞在者が外国の法律に従う意義を認める背景にあるだろう。滞在者がその国の立法過程に何の役割ももっていなくても、である。同様に、こうした判断を動機にする限り、滞在者を受け入れる国の市民は、他の市民に対するように、滞在者に対して丁重に接するべきだろう。もし滞在者が仕事を見つけてしばらく居ようと決めるほどその国を気に入ったならば、その時はおそらく所得税を払うだろうけれども、雇用に関する法律によって保護され、場合によってはいくらかの社会福祉手当すら享受できるだろう。もちろん実際には、権利を行使する場面では、多くの市民と比較すると、非市民を不利な立場に置く状況依存的要素が数多くありうる。とりわけ、地元の言語に堪能でない場合はそうだろう。しかし、こうした類の不利を被ることは、市民の立場をもたないことから直接的に帰結するものではない。結局のところ、帰化した市民は〔不利な立場に置かれる〕滞在者の多数とほとんど同じ立場にあるだろう。市民でないことによる不利があっても、それは、他者によく配慮し勤勉で礼儀正しい人物である滞在者が、地域共同体において、隣人から尊敬を集める大黒柱となることを妨げはしない。それならば、なぜ投票権をもつことや、陪審員の義務を果たすことや、多くの市民が面倒だと思うその他のさまざまな仕事が重要なのだろうか――とりわけ滞在者が、市民の享受している更なる権利のいずれをも決して必要としない場合は？

滞在者が〔市民との違いに〕関心を払わなければならない二つの理由がある。どちらも、政治的な意味でのシティズンシップがなぜ重要であるかを強調するものである。第一に、市民と異なり、滞在者はこの国に入国し滞在する無制限の権利をもっておらず、もし当局と衝突する場合には、入国拒否や国外退去にされうることが挙げられる。生まれた国が戦争状態や抑圧的体制のもとにあるため無国籍になったり、極度の貧困によって追い込まれ、どこか別の場所でより良い人生を求めている人が多くいる時代には、この無制限の権利は核心的なものである。このことは後の章で検討したい。しかしある意味では、この第一の理由は、なぜ滞在者が単に永住者となるよりも市民になることを求めなければならないかという問いにまだ答えていない。結局のところ、ほとんどの民主主義国は、こうした切迫した必要のある人びとを助ける人道的義務を認めており、亡命希望者の入国拒否や、その生命が危険に晒されうる国への送還を防止する国際的合意を確立させている。長期滞在の住民、あるいは近年では「デニズン」と呼ばれる人びとに対する国際的に認められた権利も増えてきている。もし滞在者が合法的に入国した遵法的人間であれば国外退去させられる見込みはないのだから、良く秩序づけられたその体制のもとで暮らすことを享受できればそれで良いのではないだろうか？　第二の理由はここに現れる。というのも、滞在者が好むこの国の特質は、大部分がその民主的性格に由来するからである。国際法のもとで滞在者がもつことになる市民の資格《シティズンシップ》に準じた地位ですら、民主主義国によってのみ促進され、期待通りに維持される国際的な取り決めの産物である。また、それらの国が民主主義国であることは、少なく見てもかなりの割合の市民が、その国において自分の義務を果たしデモクラシーの過程に参加することに依存しているのである。

先に言及した通り、ますます多くの市民が〔政治に〕参加することを煩わしいと思っている。そうした市民は参加に意味がないと感じているか、あるいは他者の努力に喜んでタダ乗りしたいと思っている。〔しかし〕そうした市民は間違っている。現在の形のデモクラシーは市民がデモクラシーに対して抱いている期待をはるかに下回っているため、市民の〔政治への〕関わりがほとんど、あるいは何の影響も及ぼさないと感じるのはもっともだろう。けれどもこの見方は、デモクラシーの放棄ではなくむしろその改善を求める主張となる。何らかの確かな基盤をもった民主主義国——どの国も不完全であろうとも——のもとにある人生と、いま存在する何らかの非民主的な体制のもとにある人生を比較するだけで、デモクラシーが両者の違いをつくっていることに気づくには充分である。大多数の市民は、デモクラシーから具体的な利得を引き出すことができるのである。どれほど善意をもってかつ効率的に運営されているとしても、自分の意見を表明しそれがひとつの意見として数えられる可能性がない体制においては、人びとは自尊心を失い、おそらくは他者への尊重も欠いている。統治者は、被統治者を同格のものとしてみなす必要がもはやない。

つまり、被統治者は、ほかのすべての人と同じ条件で意見を言い、考慮されるべき自分の利益をもつ資格があるものとして見なされないのである。それゆえ、統治者は被統治者を考慮に入れる必要がない。民主的シティズンシップは、権力が行使される仕方と、市民が互いに対してもつ態度を変化させる。これまで指摘したような仕方で、デモクラシーが、統治することと統治されることの責任分担を私たちに与えるゆえに、シティズンシップは、私たちの政治指導者を統制することと、私たち自身を統制しつつも平等な配慮と尊重という基盤のうえで他の市民と協働することの両方を可能にしてくれる。これに反して、私が例示した永住権をもつ居住民は単に許容された臣民に他ならない。その人は自分の見解を表明することはできても、平等な基盤のうえで他の市民に自分の声を聞いてもらう資格をもっていないのである。

シティズンシップの構成要素――定義に向けて

したがって、シティズンシップは民主主義の政治と本質的な関係をもっている。シティズンシップは排他的なクラブの成員資格《メンバーシップ》をともなっている。つまり、そのクラブの成員は、いまある政治共同体の共同生活に関する主要な決定をする人びとである。そして、この共同体の性格は多くの形で、人びとがシティズンシップに与えるものを反映している。とりわけ、人びとの参加の有無は、政治共同体が人びとをどの程度まで、そしてどのように平等に取り扱うかを決定するうえで重要な役割を果たす。この分析から、シティズンシップを構成する三つの相互に関連した要素が明らかになる。つまり、民主的政治共同体の成員資格《メンバーシップ》、成員資格《メンバーシップ》と結びついた集合的な利益や権利、共同体の政治的・経済的・社会的過程への参加の三つである。これらすべてがさまざまな形で組み合わさり、市民的平等の条件が確立されるのである。

第一の構成要素である成員資格《メンバーシップ》あるいは所属は、誰が市民であるかということに関わる。過去には、政治共同体の境界の内側と外側の両方で、多くの人びとが排除されてきた。境界内の排除は、人種的、ジェンダー的またはその他の理由から自然的に劣等だとされた人びと、財産や教育の欠如ゆえに無資格とされた人びと、あるいは犯罪を犯したり、無職、ホームレス、精神疾患者となったことで資格を剝奪された人びとを対象としてきた。それゆえ、ほとんどの確かな基盤のある民主主義国において、男性普通選挙権の確立以前には多くの労働者が排除されており、その確立後かなり経ってから女性は投票権を得たのである。また、はじめから投票権を喪失している住所不定者と同様に、囚人もしばしば投票権を喪失する。こうした境界内における排除の理由の多くは無根拠なものとして取り除かれたものの、異なる〔属性をもつ〕集団間で投票権の実効性が不平等であるように、依然として問題になっているものもある。しかし最近は、難民申請者と移民に対する境界外の排除に注目が集まってきている。国内・国際両方の次元で、排除的措置が相当に残っているか近年に導入されてきたものの、より包摂的な政策へと向かう変化はここでも起きてきている。しかしながら、国境を超えた移住が相当に多くなっている現在の状況は、前例が無いわけではないものの、非常に強度が高く長期的でかつグローバルな規模に及んでいるため、シティズンシップの基準の大幅な再考が余儀なくされてきた。

後の章で検討するように、こうした基準はどれをとっても単純明快というわけではない。シティズンシップは、共同体の政治的生活と社会・経済的生活の両方に参加する能力を含意する。けれども、その参加の性質と参加のために求められる能力は時とともに変化しており、論争の的であり続けている。また市民は、居住している特定の国に何らかの意味で自分自身が所属しているとみなそうとする必要がある。少なくとも、市民は国家を、自分の行為を規制し税金を要求する代わりに、さまざまな公共財を市民に提供する権限をもった権力の中心として理解しなければならない。市民がどの程度自分を他の市民と同一視する必要があるかはまた別の問題である。機能している民主主義が、ひとつの共通の市民的文化のいくつかの要素を要求することは間違いない。とくに、実効的な政治的統治の正統性が広範に受容されていることと、また恐らくは政治的討論のために共通言語あるいは共通諸言語をもっていることがそうした要素にあたる。一部の人の努力にタダ乗りしようとするのではなく、市民全員がシティズンシップによる共同的利益をつくり出すために協力するには、市民間のある程度の信頼や連帯も重要である。これらの性質が市民の共有するアイデンティティにどの程度依存するかは、現代社会がいっそう多文化的になるにつれて、より論争的ではあるが重要な論点となってきている。

第二の構成要素である権利は、シティズンシップの決定的な基準であるとしばしば見なされてきた。現代の政治哲学者たちは、これらの権利を同定するために二つの主要なアプローチを採用してきた。第一のアプローチは、互いを平等な配慮と尊重に値する自由な個人として扱うならば市民が認めるべき権利を特定しようとしている。第二のアプローチは、より穏当であり、市民が自由で平等な条件において民主的な意思決定に参加する際に必要な権利を単に特定しようとする。

〔だが、〕どちらのアプローチも問題含みであることがわかる。もし、ほとんどの熱心な民主主義者たちが、デモクラシーの観念そのものに伏在するものとして、市民の権利に関する二つの説明のどちらかの妥当性を大まかに受け入れたとしても、それぞれのアプローチが生み出す具体的な権利に関しては大きく異なった結論に至ることになる。この差異は、主に、現代の民主政治の根本を形作るさまざまなイデオロギー的およびその他の対立を反映している。そのため、新自由主義者が各人の社会・経済的権利に関する平等な配慮と尊重を示すためには自由市場があれば充分であると考える一方で、社会民主主義者は公的に支援された医療サービスと社会保障制度の実現も望むだろう。同じように、いくらかの人びとは、市民全員の平等な投票権を保障するためには比例代表制が必要だと主張するだろうし、他の人びとは、単純小選挙区制で充分であり、あるいはそれがいくつかの点で比例代表制よりも優れているとさえ考えている。こうした不一致の結果、シティズンシップの権利は、恐らくいささか逆説的ではあるが、市民による決定そのものに依存していると見なされなければならない。

だが、権利を最重要の考慮事項とすることが多くの点であまりに還元的だということにひとたび私たちが気づくならば、この逆説はそれほど深刻ではなくなるように思われる。私たちは、権利を個人に付与された資格として見る傾向がある。つまり、政府を含む他者に対して、自分の扱われ方に関する一定の水準を要求するものとして権利を見る傾向があるのだ。たしかに権利は個人に備わるけれども、シティズンシップと〔権利〕の結びつきが強調するように、重要な共同的な側面をもっている。権利のどのような説明においても実質的に行われていることは、権利それ自体に訴えることではなく、なぜ人びとがその権利をもっているかという議論に訴えることである。この議論のほとんどが二つの要素を含んでいる。第一に、この議論は、自分の自由な選択と努力を反映した人生を営むことを可能にするためには、人間にとってある種の財が重要であると訴える。通常、これらの財は、他者からの強制の不在と、主体性を発揮するために必要な、食物、住居、健康といった一定の物質的な前提条件を意味している。第二に、そして私たちの視点からもっとも重要なことには、この議論は、こうした権利をすべての人に対して平等に保障するように社会関係を構成するべきだということを示唆する。つまり、権利は二つの重要な意味において共通財なのである。一方で権利は、自分自身の人生を形作ることのできる、重要なある種の財への利害関心を私たち全員が共有していることを想定している。他方で権利は、適切な共同的取り決めの制定に協力するといった、権利の尊重を保証する一定の市民的義務を受け入れる人びとによってのみ提供されうる。例えば、人間にとっての善であることが異論なく共有されたものとして、個人の安全を保障することを取り上げよう。その場合、この善に対する権利は、他者に対する不当な干渉をせず、すべての人を平等に扱う公平な仕方でその権利を守るような法体系と警察力の確立に協力することによってのみ守られうる。別の言い方をすれば、私たちは、政治的シティズンシップが〔権利に〕優先するという先ほどの議論に戻るのである。というのも、権利は、何らかの形式の政治共同体の存在に依存しているからである。政治共同体において市民は、他者と平等な条件のもとで自分の人生を追求できる必要な財を確保するための、協働の公正な条件を模索するるのである。したがって、概念上の権利と民主的市民の具体的な諸権利がシティズンシップによって結びつけられることになる。言い換えれば、シティズンシップ自体がこうした具体的な諸権利のための権利となる。★なぜならば、シティズンシップは「諸権利をもつ権利」、つまり適切に平等主義的な仕方で市民の権利を制度化する能力だからである。

第三の構成要素である参加がここで問題となる。シティズンシップを「諸権利をもつ権利」と呼ぶことは、数多くの権利へのアクセスが政治共同体の一員《メンバーシップ》であることにいかに依存しているかを示している。しかしながら、多くの人権活動家はまさにこの理由からシティズンシップの排除的性格を批判し、権利は、出生地や居住地にかかわりなくすべての人が平等にアクセス可能であるべきものだと主張している。そのため、人権活動家はシティズンシップへのアクセスに何らかの制限があることにしばしば異議を唱えてきた。権利はどんな政治共同体の枠組みをも超えるべきで、成員資格《メンバーシップ》や参加に依存するものであってはならないというのである。こうした批判にはかなりの妥当性があるものの、主に次の三つの点で不充分である。

第一に、良く運営された民主主義国の市民は、ほとんどの人が人権とみなす、単に人道主義的な根拠からもつ権利を超えた、高程度で広範囲な権原を享受している。これらの国の多くが、貧しくしばしば非民主的である国々の権威主義的支配者への武器輸出などを通じて、間接的あるいは直接的な搾取やさまざまな人権侵害をして利益を得ていると、それなりの根拠をもって主張することはもちろん可能だろう。しかし、こうした不正を是正したとしても、国家間の豊かさの大きな格差がなお存在する余地を認めることになるだろう。というのも、第二の点として、権利は市民自身の積極的な活動や、政治共同体の共通財に対する市民の貢献からも生じるからである。

この点で、シティズンシップは、市民がどの〔具体的な〕権利をどのように提供するかを決める能力を市民自身の手に委ねることによって、「諸権利をもつ権利」を形作っている。例えば、税金を高くする代わりに手厚い公的保険、教育、社会保障制度をもつことを選ぶ国もあるだろうし、税金を低くする代わりにこれらの財の公的支給を手薄くするか、あるいは文化または警察と軍隊に多額の支出をする国もあるだろう。最後に、先述の二つの点は「諸権利をもつ権利」を人権として理解することを除外するものではない。人権としての「諸権利をもつ権利」は、非民主主義国の民主化過程を妨害せず援助し、亡命希望者を支援し、また移住先の国のシティズンシップが課す義務にコミットすることにやぶさかでない移民労働者に対して、公正で差別のない帰化手続きを用意するという、現在の民主主義国の側の義務をつくり出すのである。

〔シティズンシップの三つの構成要素である〕成員資格《メンバーシップ》、権利、そして参加はこのようにして合流する。私たちは、政治共同体の成員であることと、そこでの共同的生活の形成に平等な条件のもとで参加することを通じて、他者と公平な条件のもとで自分の人生を追求する権利を享受するのである。これら三つの構成要素を組み合わせると、次のシティズンシップの定義が出現する。

★　この一文については、著者に内容を確認のうえ説明を一部補った。権利は、例えば自由に発言する権利といった形で、一般的にかつ具体性をともなわずに存在している。ベラミーの議論において鍵となるのは、政治的シティズンシップがこうした概念上の権利を特定の政治共同体における具体的な権利へと変化させる役割を担っていることであり、ベラミーはこれを「諸権利をもつ権利」と呼んでいる。

シティズンシップは市民的平等のひとつの条件である。シティズンシップは政治共同体の成員資格《メンバーシップ》から構成されており、その政治共同体においてはすべての市民が社会的協力の条件を平等に〔参加して〕決めることができる。この資格は、政治共同体によって提供される共通財を享受する平等な権利を保障するだけでなく、民主的シティズンシップの善★そのものを含む、共通財を促進し維持する平等な義務をともなっている。

シティズンシップの逆説とジレンマ

先だって私は、シティズンシップを「諸権利をもつ権利」として見ることに、ある逆説が内包されていると示唆した。私たち〔自身〕の市民としての権利は、私たちが他の市民との協力を通じて政治参加する、基本的なシティズンシップの権利を他者と共同で行使することに依存している、というのがその逆説である。つまり、私たちの権利は、共通の問題を解決するために私たちが共同で決める政策から生じているのである。例えば、警察力や法体系を定めて個人の安全を保障することがそうである。さらに、こうした政策がひとたび実施されたら、納税や、政策から生じた他者の権利の尊重を介して私たちが協力し続けなければ、その政策を実行し続けることはできないだろう。それゆえ、権利は義務をともなうのであり、とくに、その他すべての権利が依存する、参加の政治的権利を行使する義務をともなっているのだ。次いでこの逆説は、〔人びとの〕協力的な行動に対して大きな影響を与えうるジレンマを生み出す。つまり、私たちが、自分自身で努力するよりも他者の骨折りに頼って共通財と権利をなお享受できると思う場合には、私たちは自分の市民的義務を怠る誘惑に駆られるだろう。そしてより多くの市民がこのように行為するにつれ、市民は他の市民と協力する可能性を信じなくなるだろう。共同の取り決めはますます信頼できなくなるだろうし、シティズンシップを放棄して、その代わりにより個人主義的な別の方法で自分の利益を確保するよう人びとは促されるだろう。

もし問題になっている財が、研究者に「公共財」と呼ばれるものと関連する性格をもっているならば、このジレンマはとりわけ深刻になる。公共財とは、例えば街灯のように、その設置を助けたかどうかにかかわりなく、誰もがその恩恵から排除されないような財である。このような場合に、他者の努力に「タダ乗りする」誘惑が各人に生まれるだろう。つまり、私の家の両隣の住人が街灯の設置費用を負担する場合に、私がその費用を分担しないと決めたとしても、私が街灯の恩恵に与ることを両隣の住人は防げないだろう。デモクラシーは、多くの点においてこの種の公共財として機能しており、それゆえに同様にタダ乗りの葛藤に直面している。情報を入手したり一票を投じたりするコストは直接的であり、それぞれの人がじかに感じる一方で、〔投票する〕利益は、投票しないことの不利益と同じように、まったく具体的でなく個人にはわからない。投

★ 英語の good/goods は、「善」と「財」という二つの意味をもっており、本書でも文脈によって訳し分けている。

票するしないにかかわりなく、あなたはデモクラシーのなかで生きることから利益を得ている一方で、各自の一票は民主的制度を維持するのにほとんど貢献していないのだ。そして、デモクラシーの欠点――人びとが嫌う政策や政治家の存在――は、その美徳よりも明白な傾向がある。この美徳は薄く広がっており、また新しく民主化した国々においては美徳が明らかになるのにしばしば長い時間を要する。結果として、タダ乗りする誘惑は大きくなる。

実際のところ、政治科学者はなぜ市民がわざわざ投票に行くのかについて大変な困惑を覚えてきた。投票に行くことは非合理的に思えたからだ。誰かひとりの投票によって選挙結果が左右される可能性はほとんどありえないことを考えると、投票はその労力に見合うとはとても思えない。デモクラシーが崩壊するかもしれないという恐れすら、この自己中心的な論理にほとんど影響を及ぼさないだろう。個人レベルでは、デモクラシーはいまだに他者の努力にタダ乗りする人の利益になり続けている。結局のところ、他者が自分の役割を果たさないのならば、タダ乗りする人の側も、自分の役割を果たしても何にもならないと考えるだろう。かつての市民の思考は、これほど狭隘《きょうあい》に道具主義的であったわけではなかったと思われるし、市民は他者と一緒に自分の意見を表明する機会を大切にしていたように思える。投票率の低下に象徴されるように、市民としての意識が希薄になってきたことに対する懸念はいっそう強まっている。そして希薄化は、政治参加に対してだけでなく、政治的権威が提供する共通財に対しても、市民がいっそう自己利益的で打算的になるにつれて起こっている。市民は、他の市民や政治家も自分と同様に自己利益にしか関心をもっていないと感じてきた。例えば、アメリカの国政選挙についての研究が明らかにするところでは、過去四〇年のあいだに、アメリカ市民の多数派は、政府がすべての人の利益ではなく、少数の大きな利益団体を助けていると感じるようになってきている。一方で、政府がすべての人に利益をもたらしていると考える人は、二四％（一九七四年）と一九％（一九九四年）という低水準と、三九％（一九八四年）と四〇％（二〇〇四年）という高水準のあいだで揺れ動いている。同様に、一九九六年のイギリスの世論調査が明らかにしたところでは、庶民院議員が地元の有権者や国とは別のものの利益に貢献していると考えている人は驚異的にも回答者の八八％に上り、単に議員の個人的目的に貢献しているだけだと主張する人も五六％いた。

人びとの態度と認識におけるこうした変化は、シティズンシップの実践と目的に関する大きな課題を提示している。市民が協力して支え、そして市民の権利が依存する共通財のほとんどは、先に述べた公共財のジレンマに陥りやすい。投票と同じく、警察、道路、学校、病院から私が受ける利益よりも、こうした財を支えるために私が負担する税金は、直接的で自分に関わることだとなんとなく思えてしまうだろうし、これらの共通財のために必要な数十億ポンドものお金と比べると、〔私の貢献分は〕大海の一滴に過ぎないように思える。デモクラシーと同じく、これらの財は、税金の支払額あるいは支払の有無にかかわらずにすべての市民に対して開かれているのが一般的である。たしかに、これらの財は厳密に言えば公共財の性質を備えていない。これらの財へのアクセスから市民を排除することが一定程度可能だからである。しかし、そうした排除は非効率的であるとともに、大きな不正義を生む可能性がある。さらに言うと、優れた交通システム、健康で教育水準の高い人びと、そして他者や私たち個々人の安全から、数多くの間接的な仕方で、私たちすべてが恩恵を受けていることは確かである。とは言え、自分が支払いに見合う価値を得ているか、あるいは公正な負担分よりも多くの貢献をしてしまっていないかどうか、人びとがつねに考えてしまいがちなことは当然だろう。このような懸念は、人びとが互いに連帯感をほとんどもっていない場合や他者を信頼できないと考えている場合、ほとんどの社会的権利を支えるために必要とされる〔財の〕再分配措置についてはなおのこと、いっそう深刻なものになる可能性が高い。結果として、見た目にはより確実で短期的な利益のために、独立的で非協調的な行動を取る誘因が大きくなるだろう。こうした決定が、共同体全体にとってだけでなく、共同体から距離をとろうとする個人の大多数に対してすらも、コスト上昇や利益減を導くというしばしば起きるような真逆の長期的効果をもたらすとしても。

この傾向は、先進民主主義諸国における趨勢にも明らかである。その趨勢とは、裕福な市民が、教育や医療から年金や個人の安全に至るまで、これまで以上に幅広い分野で私的な契約をするようになり、その過程で〔これらの財の〕公的な供給をしばしば損なうというものである。つまり、自分の子どもを私立学校に通わせ、民間の健康保険に加入し、民間警備会社と契約して自分の住むゲーテッド・コミュニティを警備させ、また公的政策に対する節税を試みることを人びとは選んできた。しかし、このことは最終的には、教育、保健、治安維持のコスト上昇にしばしば帰着する。というのも、さまざまな民間保険制度の乱立によって効率が悪化する一方で、〔財の〕公的な供給の劣化は、教育を受けた健康な労働力の減少や犯罪の増加などの、コストが掛かる社会問題を多く引き起こすからである。

こうした展開に対して、政府は主に四つの方法で応答してきた。第一に政府は、つねに実質的でなかったとしても、形式上では公的な事業のいくつかを部分的に市場化してきた。「公共財」の恩恵から人びとを遠ざけることが技術的に不可能であり、あるいは道徳的に不正であるということのひとつの帰結は、標準的な市場インセンティヴが機能しないということである。企業にとっては、ある財を享受する資格を、対価を支払った者のみに制限することができなければ、より

図２「私有地につき侵入禁止　違反者は告訴されます．リゴレッツ住宅街所有者組合」．富裕層は公共財の共同的供給からますます撤退している．©2004 The Image Works/TopFoto.co.uk

安い価格やよい良い商品を提供することによって顧客獲得競争をする理由はない。政府はこの問題を克服しようとして、特定の公共事業の供給契約をめぐって定期的に企業間で競争させ、市民に顧客としての一定の権利を保障しようとしてきた。その際に政府は、国家の役割がつねにサービス提供者というわけではなく、規制者でもあることを強調してきた。その目的は、目下問題となっているサービスを提供するのが公的業者であるか民間業者であるかにかかわりなく、提供されるものが所定の基準や水準を満たしていることを保証することにある。このように政府は、市民が自分自身でサービスを購入する場合と同じくらい、支払い

に見合うだけの価値がもたらされ、市民の要求を満足させる充分な配慮がなされるとして市民を安心させようとしてきた。政府による第二の応答は、市民――とくに国家による援助をより多く受給する人――の責任を強調することで第一の戦略を補完することであった。例えば、多くの国家は社会保障手当の受給者に対して、積極的に仕事を探し、職業訓練を受け、場合によってはさまざまな社会奉仕活動に従事することを義務づけてきた。こうした措置によって政府は、すべての人が自分の役割を果たしている社会の仕組みを維持することに、より多く貢献している人びとを安心させようとし、そうして共同の取り決めに対する貢献度の高い人びとの忠誠心を維持しようとしてきた。第三に、政府は、選挙の実践そのものに対して、いっそう市場化されたアプローチを採用してきている。政府は、市民の選好に関する需要調査を行い、ブランド戦略や広告を通じて市民の支持を得ようとしてきたのである。最後に、政府は、公共的利益を支えるために国家権力を用いることについてのシニシズムを克服しようと試みてきた。この試みは、〔社会的〕基準の設定や経済的・政治的市場両方に対する規制を、独立の〔中央〕銀行や裁判所のような、不偏的で自己利益の影響から免れているとされる機関に委ねる形で脱政治化することによってなされてきた。

これらの政策は、良い結果も悪い結果ももたらしてきた。全般的に見て、これらの政策は、ガス、電力、電話といった旧公益事業のいくつかのように完全に市場化することが可能であり、また良いサービス内容とその獲得手段についての充分明確で技術的に定義可能な基準が存在するサービスに関して、もっとも成功を収めてきた。その他の財、とりわけその公的な供給の要請が経済的であるのと同じくらい道徳的であり、医療や教育のように私的契約へと逃避することが比較的容易な財については、多くの先進民主主義諸国で公共サービスからの部分的な撤退とその結果としての公共サービスの縮小が起きてきた。

一方で、政治に対する幻滅も増大してきた。政治家は票を得るためには何でもするし、ひとたび権力の座につけば自分勝手で無能な権力の使い方をするだろうと、市民はますます感じるようになってきた。社会集団間の不平等が拡大するにつれて、市民間の連帯は成り立たなくなってきている。教育水準が高く裕福な階層は、政府や政治家に対してその役割をいっそう縮小するよう求める一方で、組織化がつねに困難な貧困階層は、ますます政治から完全撤退するようになってきている。問題は二重であるように思われる。一方で、民主政治に対して、市民はより消費者寄りで批判的な観点を採るようになってきた。〔つまり〕市民はいっそう自己中心的な立場をとってきており、政治家をはじめとする公共部門や他の市民を含む他者一般も自分と同じく自己中心的であると想定している。他方で政治家も、市民を消費者であるかのように扱い、公共部門を可能な限り市場化するとともに、自分たちは競合し合う企業の経営者であるかのように振る舞ってきた。この二つの動向のどちらが先に来るかは論者によって見解が異なるものの、二つの動向が互いを刺激し合い、民主政治への幻滅を増大させているという見解をほとんどの論者が受け入れている。〔つまり〕政治は、市民が共同でその恩恵を受ける公共的利益を追求するために市民を結びつける方法ではなく、個人が私的利益を追求するための非効率的な仕組みであると見なされるようになってきたのである。

グローバリゼーションは、こうした政治的不満の二つの発生源両方をさらに拡張するものとして広く認識されてきた。犯罪に対する安全から通貨の安定に至るまでの多くの公共財が国際的なメカニズムを通じてしか得られないことは、市民の不満と、政治の対策に欠点があるという信念を強化してきた。国際機関は、それが奉仕する市民からより疎遠なものにならざるをえない。〔集団の〕規模は重要なのだ。文化その他の共通点がほとんどあるいはまったくなく、また直接的交流もほとんどない、巨大で非常に異なったグループ同士が連帯感をもつことは大変に難しい。その結果、短期的で個人的な行動がより起こりやすくなる。端的に言って、見知らぬ人を裏切ることは、毎日顔を合わせ、予見可能な未来において交流を続ける人を裏切るよりも容易なのである。社会が複雑化しグローバル化すればするほど、私たちは皆ますます互いに見知らぬ人となる。また、政治家に影響を与えたり責任を問うことはよりさらに困難である。あなたの一票は、数千票のうちの一票ではなく数百万票のうちの一票である。そのため、権力者に影響を与えるほど大きな規模で、利益や関心を他者と共有する集団をつくることはいっそう難しい。ここでもまた、市場と脱政治化された弱い形の規制が、共同の政治的決定よりも効果的かつ公平だと見なされるようになってきている。

世界でもっとも発展した国際機関である欧州連合(EU)は、こうしたジレンマとそれへの応答をよく反映している。選挙と議会を備えているにもかかわらず、欧州議会の政治家はほとんど信頼されずまた知られてもいない。他方、選挙での投票率は加盟国の国政選挙のそれをはるかに下回るだけでなく、加盟国の国政選挙と同様に下降傾向にある。市民はおおむね、自分の国《ネーション》またはそれに準ずる地域に対する忠誠心に縛られたまま、主にそしてますます、自分の国あるいは経済的集団にとって有益かどうかという狭隘で自己利益的な観点からEUを見るようになってきている。主として欧州議会の政党は、各国の政党の構成を反映した欧州議会内の会派として存在している。他方で、ヨーロッパ横断的な市民社会組織の大部分は、ブリュッセルを拠点とした小さなロビー団体であり、職員はいてもごくわずかで、資金面ではEUにつねに依存している。同時に、一方でEUは非政治的な手段、とくに権利などの「ヨーロッパ的」と思われている価値に訴えることを通じて、他方では市場に対する、効率的、効果的、公平かつ脱政治化された規制者として、自身をますます正統化しようとしてきた。

EUの動向は、ほとんどの確かな基盤をもった民主主義国で起きたことを反映している。そうした国には、アメリカ、カナダ、オーストラリア、ニュージーランドといったヨーロッパ外の国々も含まれる。市民的態度の衰退や投票率低下に対する不安は、「社会関係資本」の崩壊に対する懸念を引き起こしてきた。社会関係資本とは、他者と協力し一緒に活動する習慣のことで、アメリカ人がもはやグループでボウリングに行かず、ますます「孤独なボウリング」をするようになっているという、ロバート・パットナムの議論に要約されているものである。移民の増加や社会における多文化状況の広がりも、ひとつの共通文化に基づいた共同体感覚を低下させてきたと懸念されている。そのため、政府は学校でのシティズンシップ教育と、帰化を目指す移民のためのシティズンシップ教育にいっそうの重点を置くことによって、国民的《ナショナル》かつ市民的な所属意識を植えつけようとしてきた。この教育では、狭義の民主的な意味での政治文化よりも、一般的に理解された国民《ナショナル》文化を強調するのが通例であった。その上、政府は重要な決定を脱政治化してきたとますます主張するようになってきた。例えば、金利の設定を国立銀行に委ね、権利の保護に関しては憲法裁判所の判断に従っていると強調し、ガスや水道といった旧公益事業だけでなく、量刑判断に関する政策といった他の多くの社会経済領域を監督するために独立した規制機関を用いる、というようにである。このようにして政府は、〔シティズンシップの三つの要件である〕成員資格《メンバーシップ》と権利を、参加から切り離そうと試みてきたのである。

けれども、こうした試みが効果的であるかは疑わしい。政治共同体も権利も、市民の活動によって構築され維持されているのである。社会生活を左右する規則、政策、政治家に対して影響を与える能力を通じて、自分たちが相互の関係や国家を形成することに関与していると考える場合にのみ、人びとは自分たちが相互に結びついており法に拘束力があると感じるのである。実際、そのような能力がなければ、自分たちは市民として対等ではないと考える充分な根拠がある。政治共同体や権利に訴えることのみではシティズンシップはつくり出されないのであって、政治共同体や権利は、政治参加を通じて行われる市民的活動の産物だからである。〔参加なくしては〕人びとは政治共同体や権利への当事者意識をまったくもたないだろう。シティズンシップの三つの構成要素は、一体のものとして命運をともにしているのである。

それゆえに、社会的・経済的変化とそれに対する政治的応答の両方が、シティズンシップの〔存立〕可能性それ自体を揺さぶっているのである。本書はこれらの揺さぶりをさらに検討していく。まずは第2章で、古代ギリシアの都市国家から二〇世紀の国民国家に至るまでのシティズンシップの歴史的展開を描くことからはじめたい。シティズンシップの歴史は、その現在の考え方に多くの点で材料を提供しているのである。続く第3章、第4章、第5章では、成員資格《メンバーシップ》、権利、そして参加〔という三つの構成要素〕を順に検討する。そこでは、現在におけるシティズンシップの性格や実現可能性すらを変えてしまう仕方で、それぞれの構成要素が変質していることを指摘する。本書を通じて、私はこれら三つの要素をひとつのパッケージとして見る必要性を強調したい。政治参加は、シティズンシップの構成要素をつなぎ合わせる不可欠な接着剤となっているのである。

2 シティズンシップの理論とその歴史

シティズンシップの理論は二種類に分かれる。市民が理想的にもつべきである権利と義務を定めようとする規範理論と、市民が実際にもっている権利と義務がどのような来歴でもたれるようになったかを記述し説明しようとする経験的理論の二つである。異なってはいるが関連した仕方で、どちらの理論も歴史に訴えている。

規範理論は、善き市民の理想を探求するために歴史に目を向ける。過去になされたシティズンシップのさまざまな説明は、市民であることを〔現在の〕私たちがどう考えるかを不可避的に形作ってきた。これらの説明は、シティズンシップの属性や利点に関する考察をアルバムにまとめたようなものになっている。そのアルバムには、誰が市民なのか、ある市民に対して国と他の市民が期待できる貢献は何であり、どの状況においてそう期待できるのか、また逆に、ある市民は国や他の市民に対して何をいつ期待できるのか、といったことがまとめられている。したがって、シティズンシップに関する現代の規範理論は、過去の説明のうえに自らを打ち立て、またそれに照らして自らの意義を検証している。現代の規範理論は、過去の理論の論理的な非一貫性を指摘し、そのうち時代遅れな要素や望ましくない要素を取り除き、そして現在の状況により妥当する別の要素を拡張または追加して、今日のシティズンシップについて最善の説明と考えられるものを導き出す。例えば、兵役は過去のシティズンシップ理論にとっては不可欠な部分であったが、近年の説明では徐々に取り除かれてきた。しかし、自分の国のためには死を厭《いと》わないことが、善き市民に関する過去の理論の重要な一部分となった理由のいくつか——例えばパトリオティズムや同国民との強固な同一化——は、その後の多くのシティズンシップ理論においても望ましい資質としていまだに言及されている。このことについては第3章で検討したい。

対照的に、経験的理論は、さまざまな時代と場所においてシティズンシップを生み出してきた社会的・経済的・政治的過程と、さまざまな集団に属する人びとに対してシティズンシップの地位が付与されてきた道のりを探求する。この理論は、与えられた状況において、どのようにそしてなぜシティズンシップがある特定の形態をとって現れたのかを理解しようとするのである。しかしながら、こうした議論がただ説明だけをしていると考えるのは誤りだろう。暗黙裡にあるいは明示的に、経験的理論は特定の規範的理念によってつねに動機づけられており、ある規範的な可能性が実現した——または実現しなかった——道のりを明らかにすることに焦点を合わせている。実際のところ、規範理論は、シティズンシップを生み出すさまざまな社会的・政治的アクターの要求や行動を正統化し具体化することによって、あらゆる経験的理論の内側で自立した役割を担ってきたのである。つまり、古代ギリシアやローマの人びとはシティズンシップの理念について私たちとは大きく異なる見解をもっており、この見解は当時の社会構造を正当化する理由を提供していた〔と言える〕。とはいえ、古代の社会を根拠づけた理念を詳しく検討することは、現代を含む後世の多くの思想家や活動家に対してもひらめきを与え、それぞれ異なった社会のなかでシティズンシップが実践され定義される仕方に変化を促してきたのである。

この章では、どちらの種類の理論についても、網羅的に取り上げることはできない。その代わり、現代の論争においてもっとも目立って言及されるものに焦点を絞っていきたい。まずは、歴史的に重要な二つの規範理論と、それらが後世に遂げた発展、そしてそれらの現代版について検討することから始めたい。これから見るように、シティズンシップの主要な「類型」は古代ギリシアとローマに深く根を下ろしており、これら二つの「古典的」な説明がシティズンシップ理論に関する後々の思考を大きく方向づけているのである。次に、もっとも影響力のあるいくつかの経験的理論に目を向けたい。これらの理論は、西欧の国民国家における民主的シティズンシップの展開に関係している。けれどもこれらの理論は、多くの場合それ自体の規範的目的をもっていた。その目的とは、第二次世界大戦後に生まれた民主的な福祉国家を、シティズンシップの二つの主要な規範的類型のさまざまな側面を部分的に実現させ、それらを統合したものとして理解することである。本書の以下ほとんどで検討される主要な論争は、これらの規範的類型が、シティズンシップの範囲と内容をさらに発展させるための推進力として有意義であり続けるのか、あるいは達成不可能で事によると望ましくない、放棄するほうが賢明な願望を反映しているのか、という点に関わっている。

シティズンシップの二つの類型

思想史家のJ・G・A・ポーコックはある重要な論文★において、ギリシア的・ローマ的なシティズンシップの特徴づけがいかにその古典的類型を提供しているかを論じた。それは、これらの特徴づけが歴史上の「古典」時代に属するからだけではなく、このテーマについての後々の議論の前提条件を設定したからである。シティズンシップのギリシア的類型と呼ばれるものは、主としてアリストテレスの著作と、前五〜四世紀における、おおむねはアテネの、そしてある程度はスパルタの政治体制に関する私たちの知見から構成されている。

この類型の大きな特徴は、統治者あるいは法の制定者としての市民の平等であった。紀元前五一〇年頃から紀元前二七年まで続いたローマ共和国の擁護者と分析者の諸著作とともに、ギリシア的類型とそのローマ共和国的変種は、政治参加を決定的要素として強調するシティズンシップ理論に影響を与えてきた。これに対してポーコックは、彼がシティズンシップのローマ的類型と呼ぶものをローマ帝国に見出す。シティズンシップのローマ的類型の大きな特徴は、法のもとの平等であった。そのためこの類型〔の適用範囲〕はローマ帝国のすべての臣民に対してまで拡張さ

★ J. G. A. Pocock, 'The Ideal of Citizenship since Classical Times', in R. Beiner (ed.), *Theorizing Citizenship* (SUNY Press, 1995), pp. 29–52.

れえた。この類型は、法的地位の平等をその主要な要素とする後世のシティズンシップ理論に影響を与えているのである。

これら二つの類型を中心にしてシティズンシップの思想史を構築することは、図式的に過ぎるのは明らかである。しかしながら、後世の思想家たちが、その類型の消滅を嘆き、改善し更新するために、あるいは廃棄しやり直す必要を説くために、二つの類型に繰り返し言及してきたことは事実である。とりわけ、シティズンシップに関する現代の思想や理論の多くは、この二つの類型のどちらかを詳しく検討し、可能ならばそれらの間の緊張をどうにか乗り越えようとする試みであると大まかに特徴づけられる。それゆえ、歴史的事実としては疑わしいとしても、これら二つの類型というレンズを通じて西洋政治思想におけるシティズンシップの伝統を検討することは、歴史叙述の試みとして、つまりある人びとがどのように過去を考えてきたかを追跡する行為としては、正当化可能である。

図３　シティズンシップのギリシア的類型の理論家アリストテレス．©2006 Alinari/TopFoto.co.uk

平等な政治参加としてのシティズンシップ——古代ギリシアとローマ共和国

すでに述べたように、ギリシア的類型は、アリストテレスの著作から、とくに紀元前三三五年から三二三年のあいだに書かれた『政治学』のシティズンシップ論から大きな影響を受けている。政治共同体のなかで生きることが人間の本性であるという理由から、アリストテレスは人間を「政治的動物」と捉えた。実際に彼は、「ポリス」つまり都市国家のなかにおいてのみ、人間はその潜在能力を十全に開花させられると主張した。しかしながら、人びとは各自の自然本性に応じた地位——とアリストテレスが考えたもの——にふさわしい役割を果たしており、「ポリテス(polites)」つまり市民として認められたのは一部の人びとに限られていた。アリストテレスが〔市民という〕この選ばれた集団の一員《メンバーシップ》となるうえでふさわしいと考えた資格も市民に期待した義務のどちらも、今日においてはすべてが適切だとは考えられていないものの、シティズンシップの歴史に長い影を落とし、その基本的原理は現代における多くの思考の根底にあり続けている。

　市民であるためには、二〇歳以上の男子であり、アテネ市民の家に生まれたことを家系上知ることができ、家長であり、また武器と戦闘能力をもった戦士であり、他者とりわけ奴隷の労働を管理する主人であることが必要であった。つまり、ジェンダー、氏族、階級がシティズンシップを規定していた。次章で検討するように、これらの要件が〔現在の〕シティズンシップをどの程度規定し続けているかについて、現代の多くの議論は主に関心をもっている。これらの要件のために、〔アテネでは〕多くの人びとが排除されていた。例えば女性（ただし既婚のアテネ人女性は家系上の市民である）、子ども、移民、数世代前からアテネに居住している家の出身者（ただし彼らは法的には自由の身であり、納税と兵役の義務があった）も含む「在留外国人」、そしてとりわけ奴隷が挙げられる。アテネ市民の数は三万から五万人ほどであった一方で、奴隷の数は八万から一〇万人ほどであったと考えられている。それゆえ、市民の資格《シティズンシップ》を享受していた人びとは、かなりの数ではあるものの、少数派であった。だが、市民に対する高い要求水準を考えるならば、これは避けられない事態であった。なぜならば、些細とは言えないその義務を果たす市民の力は、人口の多数派、とくに女性と奴隷が、市民の毎日のニーズの世話をすることにかかっていたからである。

アリストテレスは、「順番に統治し統治されるという市民的生活を共有するものすべて」★を市民と呼んだ。これが何を意味するかは政体によって異なり、また同じ都市国家のなかでも〔年齢などによって〕市民のあいだですら異なることを認めながらも、アリストテレスは、市民とは「協議と司法の公職を共有する権利」★★を一定程度ともなうものだと考えていた。アテネにおいてこのことは、年間四〇回開催される民会へ参加すること——主要民会の定足数は六〇〇〇人であった——を最低限意味しており、また三〇歳を超える市民は陪審員を務める必要があった。この陪審員の数は〔私法の場合には〕二〇一人以上、またときには〔公法の場合には〕五〇一人以上にもなったことを考えると、これも頻繁な義務であった。宣戦布告や和平締結、同盟締結、公共の秩序、財政や税制といった主要なテーマはすべて民会に附議された。さらに、地域行政単位である「区(demos)」が一四〇ほどあり、各区は地域の問題や布告について公開の討論を行う集会場である「アゴラ(agora)」を備えていた。民会とは異なり、陪審員の務めは有給ではあった。しかしながら、陪審員は自ら出頭した人のなかから抽選によって選ばれていた。この措置は、陪審員の務めが定期的な収入源となってしまうことと、陪審員が利害関係者によって占められてしまうことの両方を阻止するためのものであった。

一方、多くの市民は人生のどこかの時点で公職に就かざるをえなかった。民会で選挙され、成果を上げている限り何期でも務めることができた将軍職を例外として、公職は抽選であり、通常、任期は一年あるいは最長二年であった。この工夫の目的は、すべての人が政治権力を行使する平等な機会をもてる可能性を高めることであった。とはいえ、短い任期と、異なる機関による相互のチェックは、その権力が厳しく制限されていたことを意味した。市民は、居住地ごとに一〇の〔人工的な〕「部族」に編成されており、各部族は、区により選挙された候補者のなかから、抽選によって五〇人の評議員を選んだ。その評議員は、総勢五〇〇人からなる評議員会に一年間議席を有した。すべての評議員は、法案を提出する役目をもつ、五〇人からなる当番評議員会の委員を任期の一〇分の一の期間務め、任期のうち一日は当番評議員会議長を務めた。日々の行政は一二〇〇人ほどの「役人」の手に委ねられていた。彼らは、毎年の立候補者のなかから抽選で選ばれ、その任期は二期に制限されていた★★★。あらゆる公職は有給であったものの、抽選による選出と任期の短さから職業政治家が生まれる余地はなかった。けれども、兵役と各地域の運営への参加

★ アリストテレス『政治学』1284a 1。

★★ 『政治学』1275b 19–20。

★★★ 定説によれば、再選は認められていなかった。橋場弦『民主主義の源流』講談社学術文庫、二〇一六年、一四九頁を参照。

も加えるならば、市民であること《シティズンシップ》それ自体はほとんどフルタイムの仕事であった。

アテネがこのように民主的であったことは、ギリシアの都市国家のなかでは珍しいことだった。アリストテレスはアテネに定期的に居住していたものの、アテネ生まれではなく、したがってアテネ市民ではなかった。実際のところ、彼は、貴族政的・王政的な諸要素と民主政を混合した制度への個人的志向を表明していた。★しかしながら、このように混合された政体であっても、市民の資格《シティズンシップ》はかなりハードルの高いものに留まっていた。例えば、アリストテレスは、師であるプラトンと同じく、スパルタのより厳格な市民の資格《シティズンシップ》の規定に対して――プラトンほど熱心ではなかったが――ある種の称賛の念を抱いていた。芸術、哲学そして余暇を意義深く過ごすことが称揚されたアテネとは対照的に、スパルタでは何よりも兵役が重要視されていた。七歳になると子どもは家族から引き離されて厳しい訓練を受け、その後は「共同食堂」に所属させられた。さらにスパルタ市民は民会にも出席しなければならなかったことを考慮すると、彼らはアテネ市民よりも永続的に公共のことがらに奉仕していた。事実、プラトンがとりわけ称賛したのは、スパルタにおいて私的利益の発現機会が制限されていたことだった。

アリストテレスは、市民の資格《シティズンシップ》がこうした形を取ることは、それなりに小規模な国においてのみ可能であろうと認識していた。規模の小ささが重要なのは、職業的官僚や政治階級なしでもやっていけるほど政府の仕事を充分に簡素なものにとどめ、統治に携わる順番がすべての人に回るようにするためだけでなく、必要とされる市民の美徳が育まれうるのは小規模の環境においてのみであったからだった。意見の相違を解決するために投票を行うという考え方を生み出したのはおそらくアテネ人であったものの、その理想は全員一致であり、ほとんどの問題は——必要があれば長い議論の末での——コンセンサスによって解決されていたと思われる。アリストテレスの推測によれば、このような調和(homonoia)は、緊密に結びついた共同体のなかで共に生活することでのみ生じるであろう、市民間のある種の市民的友情に依拠していた。市民は互いを知り、価値観を共有し、共通利益をもたなければならない。そうしてこそ、市民は公務に際してもっとも求められる資質について合意に至り、公職の適任者を選び、権利間の係争を調和的に解決し、共同の政策を全員一致で採用することができるだろう。そのような条件が満たされてもなお、市民が正義感をもち、自制心を発揮し極端なことを避けて節度を守り、賢慮ある判断のための能力をもち、パトリオティズムに動機づけられることで私的利益よりも公共的善を優先させ、危機、とりわけ軍事的脅威を前にして勇気をもつといったことが、市民間の合意のためには必要であった。要するに、市民は「自分」だけではなく「ポリス」にも所属していなければならないのである。

ギリシア的類型における市民の資格《シティズンシップ》は少数派の特権であったものの、民衆による政治権力のコントロールをかなりの程度可能にしていた。もちろん私たちは、民会や評議員会においては、名門の生まれで裕福な人たちが強い影響力を発揮する傾向があったことを知っている。また、調和

★ アリストテレスの考えた混合政体は寡頭政と民主政の混合であり、王政の要素は含まれていない(『政治学』1293b 30-40 や 1302a 10 を参照)。後には、王政も含めた三政体の要素をすべてもつ形の混合政体論も現れた。

というアリストテレスの理想は、少なくともアテネにおいて、しばしば実態とかけ離れたものであったことも事実である。そこには、階級や派閥間の緊張が存在し続けていたのである。意見の相違はしばしば憎しみを備えかつ個人的なものであり、陶片追放による対立者の物理的排除や、でっち上げられた反逆の告発により処刑に至ることすらもあった。それでもやはり、市民の資格をもった人びとが実質的な意味で統治していたことは確かである。そのため、ギリシア語の人びと(demos)の統治(kratos)つまり「デモクラティア(demokratia)」に由来して「デモクラシー」という言葉が生まれたのである。

ギリシア的シティズンシップは、市民が平等な政治的権力をもち、それゆえに平等な配慮と尊重をもって互いを扱わなければならないという政治的平等の真の条件を示した典型として、後世の多くの思想家の目に映ったことに驚きはない。これらの思想家は、政治家や行政官といった専門家階級に政治的課題を委任する傾向を、政治的自由と平等の喪失を予見させる不吉な前兆とみなし、個人的関心を追求するために公務を放棄する市民がますます増える動向を近視眼的であるとして嘆いてきた。対照的に、ギリシア的シティズンシップ類型の批判者によれば、それは理想的というよりもむしろ過剰に理想化されたものだった。現実には、この類型は二重に抑圧的であった。一方では、それは奴隷、女性、その他の非市民に対する抑圧のうえに成り立っていた。他方では、自分の私的利益を犠牲にして国への奉仕を要求する点で、市民に対しても抑圧的であった。すでに検討したように、この二つの抑圧の形態は結びついていた。つまり、市民が公共的生活に身を捧げることができたのは、他者によって自分の私的生活の世話がされていたからであった。また、この二つの抑圧は全体主義体制の特徴でもあった。全体主義体制も同様に、十全な人間未満のものとして非市民をもっぱら扱い、忠誠心だけでなく市民と国家の完全な一体化をも要求し、すべての反対意見を、違ったものの見方やもっともな懸念としてではなく自己利益の表明とみなしてきた。この体制は抑圧的であるのと同時に、経済という社会の富を生み出す私的領域からあらゆる才能を引き上げてしまう点でとくに非効率的である。その意図とは逆に、公共的領域を個人的出世のための主要な回路にしてしまうことは、汚職や、公的権力を私的利益のために濫用することにつながりうるのである。

これらの点について、古代ローマ共和国とローマ帝国はともに〔ギリシア的類型と〕重要な対照をなしている。シティズンシップのローマ共和主義的類型は、ときとしてギリシア類型と同一視されてしまう。〔両者のあいだには〕確かにいくつかの類似点があるとはいえ、顕著な相違点が存在している。ギリシア社会では、市民の資格をもつ人びとのなかにも階級〔の区別〕があったものの、シティズンシップの理念は、階級やその他の私的利益を脇に置いた結果としての「調和」を追求する無階級的なものとなっていた。これとは対照的にローマ共和国は、階級的不和と、貴族との対抗を通じて権利を獲得する平民の闘争から生まれた。その歴史の初期における重要な出来事は、紀元前四九四年にアウェンティヌスの丘へと平民が〔ローマの中心部から〕「退去」したことであった。★ そこで平民は、自分たちの利益を守る役人を貴族に任命させるため、相互に助け合う誓約を立てた。この動きは、新しくつくられた平民会によって選出される、護民官職の創出へと至ったのである。護民官は、護民官同士の、または他の政務官の行為に対する拒否権を発動する権力をもっていた。また平民会は民事訴訟も扱っていたものの、この機能は常設裁判所の創設によって低下した。もっとも重要なことは、平民会は法を決議する権力(「平民会決議(plebiscitum)」)をもっていたことである。当初は、これらの法は平民に対してのみ適用されていたものの、〔ホルテンシウス法により〕最終的にはすべての階級を対象とすることとなった。平民会の他に、民衆により選ばれる三つの民会が存在した。★★ 氏族集団に基づくもの〔クリア民会〕、軍事的単位である百人隊の現役兵により選出されるもの〔ケントゥリア民会〕、そして第三に部族単位のもの〔トリブス民会〕の三つである。しかし、これら三つの民会は立法権力よりもむしろ司法権力を行使していた。

ローマ市民は、これらすべての民会に対して投票権を行使し議員となることができ、さらに護民官や政務官になることもできたものの、アテネ市民に匹敵する政治的影響力をもつことは決してなかった。〔ローマでは〕真の権力は元老院にあったからである。紀元前四〇〇年頃から、元老院は身分による議員選出をやめ、民会選出の政務官によって構成されるようになった。しかし、元老院は貴族、とくに上級政務官たち、その中でも執行部を担った〔二人の〕執政官の強い影響力のもとにあった。しばしばSPQRと略される「元老院ならびにローマ市民(Senatus Populusque Romanus)」という標語は、元老院と、諸々の民会のなかにいる民衆との結びつきを示していた。実際には、元老院と民衆はつねに緊張関係にあり、平民の影響力は、貴族内のどの派閥をどの程度後押しする力になるかに応じて増減した。このように継続した階級対立は、政治とシティズンシップに対して、公共善への無私の奉仕というギリシア的理念よりもはるかに道具的な性格を与えていた。この性格を、ローマ共和国の歴史家たちや、彼らの議論を用いたマキアヴェッリをはじめとする後世のネオ・ローマ的共和主義理論家たちは高く評価していた。★★★〔その一方で、〕キケロのようなローマの共和主義者は、ギリシア人と同じように、公共の義務に対する無私の献身として市民的美徳を特徴づけ、公職の内外における富の追求を腐敗の元と警告していた。けれども、共和国を救うために鋤《すき》を捨て、その仕事が終わるとまた畑仕事に戻った、ローマ共和国の伝説上の模範的英雄キンキナトゥスの慎ましい農耕生活を見習おうとする人はほとんどいなかった。ローマの貴族階級はとてつもなく裕福だったのである。

マキアヴェッリの見たところ、ローマの経験から得られる真の教訓とは、貴族と民衆の利己的

★　定説では、平民が立てこもった場所はローマから北東にかなり離れたモンテ・サクロ《聖山》とされている（「聖山事件」）が、ローマ共和国期の歴史家ピソはこの場所をローマ南西のアウェンティヌスの丘としていた。後世の一九二四年には、この故事に倣って、ファシストによる暗殺事件に抗議した議員がアヴェンティーノ《アウェンティヌス》の丘に集結した。近現代イタリア思想に通暁した著者の念頭には、この二〇世紀の出来事があったと思われる。リーウィウス『ローマ建国史（上）』鈴木一州訳、岩波文庫、二〇〇七年、二二七頁。

★★　ローマの民会は、個人を単位とし一人一票を投じるのではなく、集団ごとに一票を投じて議決した。民会に先立って、各集団ごとに態度決定のための議論があらかじめなされていた。

★★★　マキアヴェッリには、強大な君主権力の確立を唱えた人物という『君主論』のイメージがある。だが、彼が同時期に著した『ディスコルシ』には、古代ローマ共和国の制度に学び、当時のイタリアにローマの栄光を再興しようとした共和主義理論家の姿も見られる。例えばクェンティン・スキナー『マキアヴェッリ――自由の哲学者』塚田富治訳、未來社、一九九一年を参照。

図４　ローマ共和主義的シティズンシップの理論家マキアヴェッリ．©2006 Alinari/TopFoto.co.uk

な利益〔の追求〕が抑制されうるのは〔両者が〕相互に対抗し合う場合のみであるということだった。ローマ共和国は、どのような人物や組織であっても、少なくとも一人の別人物あるいはひとつの別組織と一緒でなければ権力を行使できないようにしており、相互のチェックと均衡を可能にすることを通じて、こうした相互抑制を制度化していた。それゆえ、二人の執政官はそれぞれもう一人の決定に拒否権をもち、一〇人の護民官も同様の相殺力をもっていた。さらに、一年を超える在任は誰もできないようになっていた。このような権力分立の必要性は、後世の共和主義の理論家たちによって詳細に説明されることとなった。権力分立は、ルネサンス期のイタリア都市国家、なかでもフィレンツェとヴェネツィアの大きな特徴であり、このテーマに関するマキアヴェッリの著作に影響を与え、さらに一七世紀のイングランド内戦における国制論議や、一八世紀に至るネーデルラント連邦共和国の政治的取り決めを特徴づけた。権力分立は、アメリカの連邦主義者たち、とくにマディソンの著作において、合衆国憲法の中心的な要素とされた。権力分立論の根底にあるのは、ギリシア的見解とは区別される、より容易に近代的な民主政治に適用できそうな現実主義的なシティズンシップの見方である。私的利益と公共的利益を正面から対立するものとして捉えて、政治から私的利益のあらゆる要素を取り除こうとするのではなく、私的利益同士の衝突と均衡を通じて公共的利益が生じると考えられたのである。結果として市民は、自己利益に基づきながらも政治に参加する理由をもつことになる。なぜなら、そこに参加して頭数に数えられていないと、自分の関心があらゆる集合的決定に含み入れられることを確実にできないからである。実際、経験的理論を見れば、さまざまな集団が自分の利益を相互に対等な立場で他者に聞き入れてもらおうとする闘争を通じて、現代のシティズンシップが主に発展してきたということがわかるだろう。

同等の法的地位としてのシティズンシップ——ローマ帝国から人権へ

ローマ共和国が帝国に姿を変えるようになると、シティズンシップと私的利益との関係は劇的に変化した。当初、ローマ市民権《シティズンシップ》を得るための要件は、ギリシア市民権《シティズンシップ》の基準と似ていた。市民は、生まれながらの自由人男性の嫡出男子である、生まれながらの自由人男性でなければならなかった。ローマの領域が、最初はイタリアの他地域へ、次いでヨーロッパ全域へ、最後にはアフリカとアジアへと拡大するにつれて、二つの重要な革新が起こった。第一に、被征服地域の住民に対して一種のローマ市民権《シティズンシップ》を与える一方で、被征服者自身の統治組織を——それが付与する市民権《シティズンシップ》の地位も含めて——維持することを認めた。第二に、こうして与えられた種類のローマ市民権《シティズンシップ》は政治的というよりも法的な種類のものであり、「投票権のない市民権（civitas sine suffragio）」と呼ばれるものであった。つまり、ローマ帝国はローマ市民権《シティズンシップ》を法的地位に縮減したものの、〔被征服地域とローマの〕二重の市民権《シティズンシップ》を認めていた。結果として、法的共同体と政治的共同体は引き裂かれることとなった。法の範囲は政治的境界線を越えていき、既存の領土上の区切りと一致する必要がなかったのである。聖パウロの有名な事例を挙げるならば、彼がパレスチナで逮捕されたときに、自分は「キリキア州の都市タルソスのユダヤ人であり、立派な都市の市民★」だと堂々と述べた。しかし彼はそのときタルソスにいたわけではなく、彼がローマ市民として追加でもつ地位こそが、恣意的な処罰を受けない権利の主張を可能にし、鞭打ちを免れて、ローマでの裁判を求めることを可能にしたのである。

アリストテレス的な理想によれば、政治的シティズンシップは、市民が政治参加するため、そして私的利益よりも公共的利益に関心を向けることを確実にするために、経済的・社会的生活の重荷から〔市民が〕解放されることを必要としていた。これとは対照的に、法的シティズンシップは私的利益とその保護を中心にしていた。ローマ法においては、法的地位はまず財産所有者〔自権者〕に帰属しており、所有物の法的地位はその延長上に導き出された。奴隷も法的所有物の一部であり、自分自身を法的に所有している人こそが自由人であった。このように理解された法は、自分自身と自分および他者の所有物を私がいかに使用することができるか、そして自分自身と自分の所有物を他者がいかに使用することができるかに関するものだった。このことは、多くの点で今日に至るまで変わっていない。聖パウロの例が示すように、所定の法廷で訴えたり訴えられたりする権利といった、〔法の〕結果として得られる特権や免責は些細なことではまったくない。しかしながら、法の支配に従属する者が法の制定や運用にかかわる必要がないという点で、法の支配が人の支配から切り離されうるということは、利点だけでなく欠点をも生み出す。

利点は、先に検討したように、法による共同体が数多くの政治共同体を含むことと、統治者や役人に責任をもたせることが可能であり、それによって彼らが法に反して行為する裁量を制限できるところにある。法は、その範囲と範疇において普遍的でありえる。つまり法は、何百万人ものバラバラの個人が空間を超え、また遺贈などの法的行為によって時間を超え、直接接触することなしに相互に関わりやり取りして、それぞれの私的利害を追求することを可能にしている。欠点は、これらの権利を享受する市民が法の帝国の臣民となることであり、そこで臣民は自分自身を支配するのではなく法によって支配されることになる。しかし法の支配というものは、ある人物あるいは複数の人物による法を通じた支配でしかありえない。法にはたくさんの根拠があり多くの執行者がいる。法律や法体系が異なれば、その適用対象となる人びとの集団も異なるし、法が要するコストもたらす便益もそれぞれに異なってくるだろう。もし法の帝国が皇帝に依存するならば、法は、公衆による公衆のための支配ではなく、皇帝の支配のための手段となってしまう危険がある。

もちろん、別の伝統が間を置かずに生まれた。その伝統は、あらゆる人間の行為者や人為の機関の意思を超えたところに法の根拠を見出し、人間の代わりに、自然や神の意思または理性のなかに法の根拠を求めた。この伝統は、あらゆる人間共同体の基本法であると主張されるものにつ

★『使徒言行録』第二二章三九節。

いて異なる理論構成を提供している。基本法は、絶対君主であれ人びと自身であれ、すべての政治的支配者を縛り、支配者が定めるいかなる法律にも打ち勝つ、より上位・高位の法として機能すると考えられている。こうした基本法理解は、国際法とりわけ人権法に対して多大な影響をもち続け、また国内での憲法に関する多くの議論の背後に存在している。第4章で検討するように、この理解は、現代の、権利に基礎を置くシティズンシップ観念の多くを特徴づけている。しかしこの議論は、通常の法と同じく、人間のみがより上位・高位の法を解釈し執行できるという問題――すでに述べた、法の支配が人の支配を通じて実行に移されるという問題――に、つねに直面する。高位の法に関する理論構成の中でおそらくもっとも強力な理論、そしておそらく現代の法・政治理論家に対してもっとも影響力のある理論は、法の支配と市民の支配を社会契約の理想のうちに接合することによってこの難題を解こうとした。この理論は、国家における君主権力の正当化そしてその制限を説明するために一七〜一八世紀に生まれたものであり、人間は自己の所有者でありまた世界の共同所有者であるという平等な地位を出発点としている。その根底にある直観は、正しい政治的・法的な主権権力に対しては自由で平等な諸個人による全会一致の同意が期待できるというものである。この理論によれば、そうした同意は、この権力自体が諸個人に害を及ぼす要因となることなく、相互に害を与える不確定要素から諸個人を自由にし、自分のやり方で自分の善を追求することができるという、諸個人の共通利益を確保するための公正かつ公平な機制と規則を提供する権力にのみ与えられうる。言い換えると、この理論における同意は、公共的利益を守るために、順番に統治の任につきまた統治される側になる、美徳ある市民間の平等という政治的理想と、法の支配によって守られた自らの私的利益を追求する権利保持者としての諸個人という法的理想〔という二つの理想〕を統一しようとするのである。こうした議論は、正しい主権に従う責務を生じさせる何らかの現実の同意を市民が行ったことを必ずしも意味しない。この伝統に属する多くの理論家にとっては、仮想上はすべての市民がその制度に同意する「はず」だと、あるいは少なくとも同意しない強い理由はないと私たちが考えられるように、政治的・法的制度が整っていればそれで充分である。契約という観念は、どのような政治的・法的取り決めや原則が人びとを公平にかつ正しく取り扱うかを考えるための装置にすぎない。しかしながら、神が与えた法あるいは自然法の理論と同じように、契約の条件も、人間本性を説明したり、社会関係の因果構造を論じるために理論家たちが持ち込む道徳的・経験的前提に応じて、理論家ごとに異なって考えられる可能性が高いのである。

例えば、一七世紀イングランドの哲学者トマス・ホッブズとジョン・ロックそれぞれの社会契約論は、人間の自然本性や社会関係についてまったく異なる説明をしており、人間が何に同意するかについて違う見解を提示している。ホッブズにとって人間とは、自己利益を貪欲に追求し他人を信用しない傾向をもつものだった。結果として、国家の外での人生は「不快で、残忍で、しかも短い」★ものであり、人間は、互いがもたらし合うリスクに対する安全を提供してくれる主権権力であればどんなものにも同意する傾向があるとされた。対照的に、ロックは人間本性につい

★　トマス・ホッブズ『リヴァイアサン（上）』加藤節訳、ちくま学芸文庫、二〇二二年、二〇七頁。

てより柔和な見解をとっており、他の個人よりも国家権力こそが個人の自由にとってのより大きな危険になりえる程度を、ホッブズが過小評価していたと考える傾向があった。ロックが述べたところでは、ホッブズは「人間というものを、スカンクやキツネからの危害を避けることには注意するが、ライオンに喰われることには満足するほど、否それを安全だと思うほど愚かな存在であると考える」★ように見えたのだ。ロックは、人びとは限定された政府にのみ同意するだろうと考えた。ホッブズとロックに見られるような相違は、「高次の法」の理論家の数だけ見解の数も存在する事態が避けられないことを示している。理論家間の相違は市民間の相違を反映したものであり、それは法の支配の源泉がつねに人の支配にあるというジレンマに私たちをいまいちど連れ戻す。つまり、法の支配が意味するところは何か、そしてその法をどのように解釈し適用するかということは、つねに人びとが決めることなのである。

近代的デモクラシー——政治的シティズンシップと法的シティズンシップの統合?

このジレンマは、近代的デモクラシーの時代を始めた二つの大革命、つまり一七七六年のアメリカ革命と一七八九年のフランス革命が直面したものであった。どちらの革命も、市民同士により実際の契約が締結された事実として憲法制定を考えることによって、このジレンマを解決しようとした。つまり、アメリカ合衆国憲法の想定上の著者は「われら合衆国人民」★★であり、フランスの「人および市民の権利の宣言〔人権宣言〕」は「あらゆる主権の源泉は本質的に国民にある」★★★と宣言している。しかしながら、これらの定式は、集合的主体として行為する「公共的な」政治的市民――「人民」あるいは「国民」――と、法に従属し自由・財産・幸福追求といった「自然な」権利をもつ私的な「法的」市民との二元論を保持していた。市民的美徳は、憲法制定の瞬間にのみ発揮が要請され、〔そこで〕民衆の行為が生み出す諸制度に刻み込まれるかたわら、利己的な市民をして、法のもとで自己利益を追求するに任せるのである。一方で、この二つの類型のあいだにはまだ緊張がある。もっともよく設計された制度や法であっても、市民の美徳をほとんど当てにせずに運用していけるかどうかは疑わしいし、憲法制定の瞬間は別としても、制度や法の形成に能動的に参加できない場合に市民がそれらを「自分のもの」として感じられるかどうかも疑わしいのである。

シティズンシップの政治的な理解と法的な理解は、共和主義的伝統と自由主義的伝統という政治思想の二つの伝統と結びついており、多くの論者は、前者が後者によって徐々に置き換えられたとしている。共和主義の伝統では、自由は、市民が自らのために作成に参加した法の産物として理解される傾向がある。他方で自由主義は、社会生活と両立しうる範囲で個人の自然的自由を

★ ジョン・ロック『完訳　統治二論』加藤節訳、岩波文庫、二〇一〇年、四〇一頁。傍点は原文のイタリックを意味する。

★★ 土井真一訳「アメリカ合衆国憲法」、高橋和之編『新版　世界憲法集 第二版』岩波文庫、二〇一五年、五二頁。

★★★ 高橋和之訳「人および市民の権利の宣言」、高橋和之編『新版　世界憲法集 第二版』岩波文庫、二〇一五年、三三八頁。訳文は上記に従わず、ベラミーの用いている英訳を訳者が邦訳した。

図５　政治的シティズンシップと法的シティズンシップの統合．アメリカ合衆国憲法(左)，フランス「人および市民の権利の宣言」〔人権宣言〕(右)．©US National Archives and Records Administration ; Musée de la Révolution Française, Vizille, France/The Bridgeman Art Library

できるだけ保護しようとするはずである必要悪として法を見なす傾向がある。しかしながら、こうした理論構成は慎重に取り扱われなければならない。第一に、共和主義と自由主義にも数多くのタイプが存在してきた。例えば、すでに検討したように、共和主義的シティズンシップのギリシア的類型とローマ的類型のあいだには多くの相違点があり、そして後世の思想家たちはさまざまな形でこの二つの類型を用いたのである。さらに、〔共和主義と自由主義の〕二つの伝統は、共存してきただけでなく、一九世紀から二〇世紀にかけての民主的な国民国家の発展にともなって、ますます混ぜ合わされるようになった。国民国家は、都市国家と帝国の中間に位置して、この二つの短所を避けつつも重要な長所を兼ね備えることができる、もっとも有力な代替案として登場したのだった。都市国家が帝国の軍事侵攻に耐えるには小さすぎるとすれば、帝国は有意義な政治参加を認めるには大きすぎた。国民国家は複雑な経済インフラと軍隊を維持するのに充分な規模をもちつつ、参加の度合いは小さかったとしても、信頼できる民主主義の形態を不可能にするほど大きくはなかった。その結果、国民的《ナショナル》な民主的政治共同体の成員資格《メンバーシップ》に政治参加と権利を結びつけて、民衆的統治と法的統治とを成功裡に統合するようなシティズンシップの形態をつくりだすよう、国民国家は圧力を受けることとなった。この展開こそが、次に検討するシティズンシップの社会学的理論に影響を与えたのである。

近代民主的シティズンシップの生成

社会学者のT・H・マーシャルとスタイン・ロッカンは、近代民主的シティズンシップの発展に関するのちの標準的叙述を確立させた。この叙述は、一八世紀から二〇世紀にかけての西欧民主主義の歴史についての彼らの分析を根拠としている。彼らはシティズンシップを、国家建設、商工業社会の出現、国民意識の構築という相互に関連した三つの過程の産物であると考え、階級闘争と戦争を通じたさまざまな仕方で三つの過程すべてが推進されていったと考えていた。この三つの過程は段階的に進む傾向があったものの、それぞれの過程は、資本主義的市場経済のなかで作動する民主的かつ福祉的な国民国家という新しい文脈において、民衆的統治と法的統治を結びつけるためのある種の前提条件を提供した。

第一段階の国家建設は、エリートレベルでの行政的、軍事的、文化的統一から成っており、領土の一体化と、基礎的で、国家全体にわたる官僚的・法的なインフラの構築をともなっていた。この段階は、所定の領域内でのあらゆる活動に対する権威をもつ主権的政治体を創造し、そのなかに住む人びとは国家の正統な臣民となった。第二段階は商工業経済の出現であった。この過程は、市場経済によって必要とされたインフラ的な公共財、例えば統一された交通システム、標準化された度量衡、単一通貨、そして安定した単一の法制度をつくりだした。また、市場は伝統的な社会のヒエラルキーや生まれながらの身分による仕組みを徐々に崩壊させ、とりわけ市民的・経済的権利に関する契約の自由と法の前の平等を促進していった。第三段階は国民形成の段階であり、義務教育、言語の標準化、大衆紙、徴兵制といった手段を通じて、市場経済と工業経済に適した国民意識〔をもつ集団〕になるよう大衆を社会化することをともなっていた。これらの手段を通じて、共通語が普及し、産業に従事するために求められた一般的技能を身につけることのできる、流動的な労働力にふさわしい算数と読み書きの水準が保証された。こうした手段は、同国民同士と、市民と国家間のそれぞれに感情的な紐帯をつくりだすことも助けた。

この三つの段階は、総合して「人民」を創造することに行き着いた。つまりこの「人民」は、法のもとで平等に扱われる権利をもち、商品、サービス、労働力を売買する平等な権利を保持し、その利益が主権をもつ政治的権威によって監督され、お互いに対する忠誠心と人民の国家に対する忠誠心をつくる、国民としてのアイデンティティを共有していたのである。これら三つの〔段階に対応する〕要素すべてが、民主的シティズンシップにとって重要なものとなった。第一の要素は、すべての人が法の平等な保護のもとにあると考える根拠——それは法をつくる平等な権利なしには獲得されないだろうと考えられる——を提供した。第二の要素は、利益に基づく共同体をつくりだした。この共同体は、統治者が被治者を抑圧せず、その関心に応答して後押しすることを確実にするために、国家の運営にかかわる人びとへの充分な統制をとくに重視してつくられた。第三の要素は、市民をして、自分たちをひとつの人民とみなすように促し、一定の共通価値と相互のさまざまな〔同国民としての〕特別の責務を共有するよう促した。この要素はまた、人びとが共通の言語を用い、広く知られ受け入れられた規則や習慣にしたがって相互にコミュニケーションすることができる公共圏の文脈をつくりだした。

T・H・マーシャルがその優れた論文で論じたところでは、国内市場と国民国家の出現によって与えられたシティズンシップの潜在力は、一連の階級闘争によって解き放たれることになった。イギリスの経験に依拠した彼の主張によれば、シティズンシップの歴史的発展には三つの時期があった。それぞれの時期において共同体の十全な成員としての平等な地位を獲得しようとした市民の各集団の奮闘によって、さまざまな権利と義務が獲得された。第一の時期は、おおむね一七世紀から一九世紀半ばまでである。この時期には、財産所有の自由や、市場を機能させるために必要とされた商品、サービス、労働力を交換する自由から、自分で選択した教会に通うことや、何かに反対意見を表明するために必要となる思想と良心の自由に至るまで、広範な社会的・経済的活動に従事するための市民的権利が確立された。第二の時期は、一八世紀末から二〇世紀初頭にかけてである。この時期は、最初はすべての財産所有者が、次いですべての成人男性が、最後に女性が、投票し立候補する政治的権利を獲得した時期と一致する。第三の時期は、一九世紀末から二〇世紀半ばにかけてであり、社会的権利〔社会権〕の創造が行われた時期である。当初この権利は、「経済的福祉と安全の最小限を請求する権利★」のみから構成されていたものの、「社会的財産を完全に分かち合う権利や、社会の標準的な水準に照らして文明市民としての生活を送る権利★★」へと次第に拡張されていった。それゆえこの権利は、失業や衰弱性疾患に対する社会保険だけでなく、少なくとも中等学校までの教育と、医療や年金といったより広範な権利を含むようになったのである。

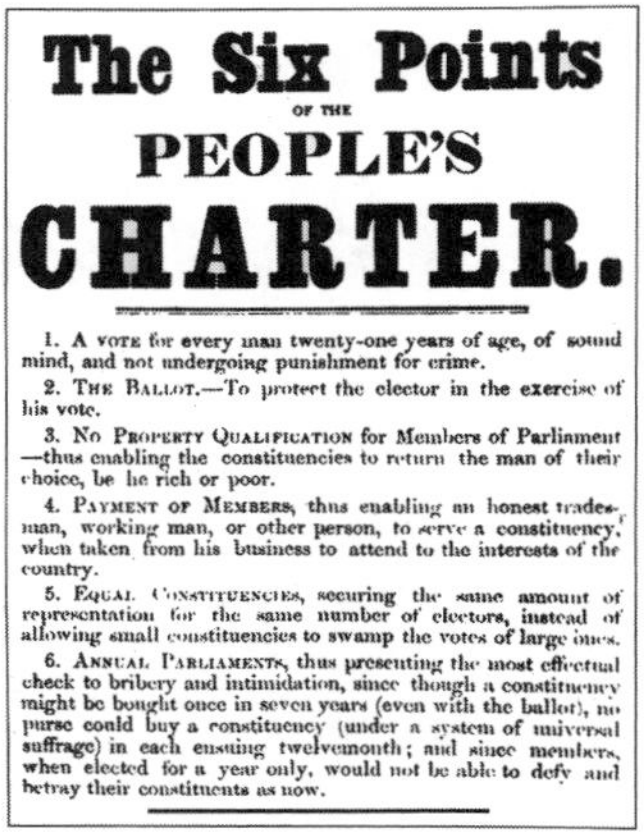
The Six Points OF THE PEOPLE'S CHARTER.

1. A vote for every man twenty-one years of age, of sound mind, and not undergoing punishment for crime.
2. The Ballot.—To protect the elector in the exercise of his vote.
3. No Property Qualification for Members of Parliament—thus enabling the constituencies to return the man of their choice, be he rich or poor.
4. Payment of Members, thus enabling an honest tradesman, working man, or other person, to serve a constituency, when taken from his business to attend to the interests of the country.
5. Equal Constituencies, securing the same amount of representation for the same number of electors, instead of allowing small constituencies to swamp the votes of large ones.
6. Annual Parliaments, thus presenting the most effectual check to bribery and intimidation, since though a constituency might be bought once in seven years (even with the ballot), no purse could buy a constituency (under a system of universal suffrage) in each ensuing twelvemonth; and since members, when elected for a year only, would not be able to defy and betray their constituents as now.

図6　19世紀イギリスにおいて労働者の政治的権利を求めた「人民憲章」. ©2003 Fotomas/TopFoto.co.uk

　マーシャルの議論はかなりの批判を受けた。ある研究者たちは、権利が促進される過程で外的圧力が果たした役割を彼が見落としていると論じた。他の研究者たちによれば、三つの権利のセットはイギリスにおいても彼が述べた順番や時期に発生しておらず、また彼が考えたほど〔相互に〕補完的であったわけでもなかった。例えば、多くの国家において社会的権利は、政治的権利の後ではなくむしろ前に生まれていた。実際のところ社会的権利は、政治的権利の要求を抑える手段として、時の政治的支配階級によって提供されることがしばしばあった。また、社会的権利は財産権といった特定の市民的権利と衝突することもありうる。しかしながら、マーシャルの主張の細部に対するこれらの修正は、いまなお説得力をもつその基底的な論理と完全に両立しうるものである。マーシャルの議論は、市民的権利から政治的権利へ、そしてより十全な社会的権利へのほぼ不可避的な進展を指摘したものと読解されることもあったが、それは彼の見解ではなかった。彼は、権利の獲得とは偶発的で終わることのない闘争だと考えていた。権利の発展における各段階は、従属的集団が、平等な配慮と尊重をもって扱われるために戦い、権力者から譲歩を引き出したことによって起こった。このように、政治的シティズンシップのすでに認められた手段あるいはそれ以外の手段の行使を通じて、また既存の法的権利を活用し他の権利を獲得することによって、法的シティズンシップは新しい集団を包摂するように変化していった。いっそうの包摂に成功した場合その理由は、統治階級が権威を保つために被治者の自発的な協力を必要としたことにあった。権利発展のために利用できる状況は各集団によっても異なるため、シティズンシップの発展は国ごとに自然と異なっていた。例えば、第一次・第二次世界大戦では、大規模な徴兵による軍隊が必要とされた結果、国内経済を動かすために女性の労働が必要とされた。こうしたことが、同時期の多くの欧州諸国において、男女の政治的権利と社会的権利の獲得をかなり

★ T・H・マーシャル「シティズンシップと社会的階級」T・H・マーシャル、トム・ボットモア『シティズンシップと社会的階級——近現代を総括するマニフェスト』岩崎信彦・中村健吾訳、法律文化社、一九九三年、一六頁。
★★ 同前、一六頁。

の程度促進したのだった。けれども、スペイン、ポルトガル、スイスなど、戦争の外に居続けた国々においては、こうした圧力はなかった。結果として、これらの国々では、女性の地位変化は、他の欧州諸国とは異なるより迂回した道のりを辿ることとなった。

西欧諸国の経済が上り坂にあり、福祉支出が拡大していた一九五〇年代に執筆したマーシャルが、シティズンシップのよりいっそう包括的で平等主義的な形式を求める奮闘の頂点として社会的権利を捉えたのは当然のことであった。言うまでもなく、その後の出来事は彼の楽観的な結論にしばしば疑義を挟むことになった。マーシャルが称賛した戦後福祉政策が生み出した多くの側面が、一九七〇年代から九〇年代に至る経済的下降と構造改革のなかで徐々に失われていっただけではない。この政策が依っていた経済的・社会的前提の多くも、シティズンシップの縮小ではなくさらなる拡大を求める人びとによって批判されてきた。環境保護主義者からすれば経済生産増大を重視し、フェミニストからすれば労働市場における女性の従属的地位を相も変わらず放置し、多文化主義者からすれば民族《エスニシティ》的問題に言及すらせず、コスモポリタンからすれば国民国家を重視する等々の前提をもつゆえに、この政策は批判の対象となってきた。これらの所見は、マーシャルの歴史叙述に投げかけられた批判と同じく、必ずしも彼の議論の本旨と矛盾するわけではない。これらは、平等なシティズンシップのひとつの形を実現しようとするそれぞれの試みが、政治共同体、権利、参加の定義の仕方をめぐる新たな闘争を招き、予想しなかった欠点や問題をいかに発生させるかを単に示しているだけである。

本章に続く三つの章は、これら三つの闘争と、それらがどのようにシティズンシップを変化させたかを主題とする。二つの点で、現在の展開はマーシャルの図式を掘り崩しているかもしれない。第一に、法的シティズンシップは政治的シティズンシップからこれまでになく自律的になっている。グローバル化は国民国家を侵食しているものの、共通財の創出に参加するための中心点を提供できるような、国民国家を代替するような政治共同体はつくりだされていないからである。例えば、世界銀行、世界貿易機関(WTO)、国際通貨基金(IMF)といった国際機関は、多くの国際貿易を規制しているものの、市民は自国政府を通じてごく間接的にしか国際機関を統制することができない。さらに、国際機関は、政治的な応答責任をほとんどもたない国際法や国際法廷に従属している。独自の議会である欧州議会への直接選挙制度をもっているEUであっても、一方では政策執行機関〔欧州委員会〕の、他方では欧州司法裁判所の統制を大きく受けている。第4章で示すように、こうした展開に対処するため、シティズンシップはグローバルな人権という観点からますます定義されるようになってきている。しかしながら、グローバルな人権と結びついたシティズンシップ論における政治的要素の欠如は、そのシティズンシップ論が市民であるために何が必要かについての説明をやや欠いていることを示唆している。第二に、ある程度第一の点と関連するが、権力と富をもつ人びとは、比較的に貧しく力をもたない人びととの同意を得ずに行動できるようにいっそうなってきている。富裕層がますます〔国境を越えて〕移動すればするほど、その活動を統制し、公共財に貢献するよう富裕層に課税することがより難しくなっている。この二つの展開の結果、闘争の過程を通じてシティズンシップが形づくられていく余地がなくなってきているのかもしれない。

3　成員資格《メンバーシップ》と所属

成員資格《メンバーシップ》の問題はシティズンシップ論の中心に位置している。市民であることは、特定の政治共同体に所属することである。しかしながら、成員資格《メンバーシップ》とシティズンシップとの結びつきは、ますます論争を呼ぶ仕方でシティズンシップを「排他的」にしている。この結びつきの役割は、市民を、非成員には与えられない特権を享受する選ばれた集団の一員にすることである。ちょうどゴルフクラブの会員が、非会員には許されていない仕方でゴルフクラブのホールと設備を排他的に使うことができるように、市民の地位を占めることは、特定の政治共同体の成員資格《メンバーシップ》固有の特典へのアクセスを与えている。そして、ちょうどゴルフクラブの会員資格《メンバーシップ》を定める規則が不適切ないし差別的であるとして批判されてきているように、シティズンシップの地位を与える規則も同様の批判にさらされてきている。実際のところ、苦情の根拠の多くは酷似している。ちょうどゴルフクラブが、生まれが良く白人の裕福な男性に会員資格《メンバーシップ》を限定していると批判されているように、出自、民族《エスニシティ》、財産、そしてジェンダーは、シティズンシップの標準的な――そしてますます異議申し立てがなされている――基準を形成してきた。

排他的なゴルフクラブとよく似たことに、国家は、成員候補が適切な仕方で国家に貢献でき、既存の成員とそこでの支配的な気質に「うまくなじめ」なければならないことを根拠に、排除を一般に正当化してきた。ゴルフクラブが、会費を支払う能力、ゴルフの技能、ゴルフクラブの規則としきたりに従う意思、そして一般的社交性とゴルフクラブの催しへの積極的関与が見込めるかどうかという観点から会員候補を入念に審査するとすれば、国家は、共同体のもつ共通財に対して貢献ができそうかという観点から、また国家の規範と慣習に従う意欲と能力があるかという観点から市民を評価する。どちらの場合も、その受け入れ基準は〔受け入れる側に〕都合よく定められており、すべての希望者を平等な配慮と尊重をもって扱っていないのではないかという疑念が生じる。だが、ゴルフクラブと政治共同体とのあいだには極めて重要な違いがひとつある。政治共同体の成員資格《メンバーシップ》はほとんどの人びとにとって必要かつ不可避である一方、ゴルフクラブの会員資格《メンバーシップ》はそうではない。ゴルフをやると決めることは選択の問題である。熱心なゴルファーであってもゴルフクラブに所属せずに定期的にゴルフをすることは可能だろうし、ゴルフクラブのない人生に慣れることもできるだろう。対照的に、国家の外で生きるということは事実上不可能である。世界の国々は、地球のほとんどを覆っているだけでなく――第1章で検討したように――何らかの意味で複雑な社会の内部で、安全にかつ満ち足りて生きるための基礎的な構造を提供している。無国籍状態は、国家の何らかの失敗、つまり他国による侵略や征服、あるいは内戦、飢餓ないし抑圧的体制によって、人びとが国を追われた結果なのが通例である。このような状態に置かれた人びとであっても、国家の外部で生きることはない。むしろ、国を追われた人びとは、こうした人びとを受け入れるつもりかまたは受け入れざるをえない国家が、恩着せがましくも提供する何かしらの援助と支援を懇願することを強いられるのである。

シティズンシップがともなう排他性は、国家のなかで生きることの必要性と不可避性ゆえに、二つの点で問題となる。第一に、他の市民と同じ権利をもつ十全な成員資格《メンバーシップ》から、その国家の権力の支配下にある人びとを排除することは不公平だと考えられる。第二に、自分がどの国に生まれ落ちるかは偶然の産物なのであるから、シティズンシップの権利を享受するとともにその義務も引き受ける意思をもつ人が、よりよい機会を提供する別の国の成員になりたいという意図によって移住することを妨げることも、同じくらい不公平だと考えられるかもしれない。本章では、〔国家の〕境界の内側と外側の両方から、シティズンシップの排除性を検討していきたい。まずは、階級、財産、ジェンダー、民族《エスニシティ》に基づいた伝統的なシティズンシップの資格の根拠、そしてそれぞれの根拠に対して境界内から提起されてきた異議申し立てについて見ていこう。次に、〔移民や難民といった〕特定のカテゴリーのよそ者の排除について検討し、特定のネーションや国家の成員資格《メンバーシップ》を超えるグローバルなシティズンシップに関する、第4章でのより広範な議論に向けた背景を準備したい。問題の多くは、境界内と境界外の両方においてシティズンシップの義務が含むものは何かということと、成員資格《メンバーシップ》が自分の役割を担うだけでなく単なる義務を超える仕方で〔政治共同体に〕所属することを市民に求めるかどうかということにかかっている。前章の最後で議論した、シティズンシップの主要な文脈としての国民的《ナショナル》・民主的・福祉的な国家の発展は、これから検討するように、成員資格《メンバーシップ》の基準が境界内に対して徐々に包摂的になりつつも、境界外に対しては排他的にとどまることを認めてきたのである。

臣民から市民へ――境界内の包摂と排除

第2章において私は、古代ギリシア的シティズンシップの基準が、市民の多くの主だった属性を約二〇〇〇年にわたって定義してきており、それがいかに長いあいだ影響を及ぼしてきたかを論じた。アテネ市民とは、家長かつ財産所有者であり、他者の労働を管理する主人であり、戦士であり、アテネ人の血族であり、男性であった。今日、これらの資格制限を不当で差別的であるとして即座に退けることは当然であろう。多くの市民はこうした資質のいずれをももっていないのである。実際のところ、ほとんどの市民はこれらの資質のいくつかをまったく欠いているか、人生のある時期において欠いていたのだ。けれども、これらの属性と、シティズンシップとの関係にはある基底的な説明があり、その説明は、市民であることの意味だと〔今日〕私たちが考えるものを形作り続けている。それゆえ、これらの属性それぞれを取り上げ、それらとシティズンシップとの過去にあったつながりを支えていた推論が今日にも妥当するかを検討することには意味がある。たとえ、私たちがその推論とこれらの具体的な資質をもはや結びつけないとしても、である。まずは財産所有権に関する資質から議論をはじめて、次にジェンダーと民族《エスニシティ》に関する資質へと移っていきたい。これから検討するように、これら三つの基準と、市民であることの資質との結びつきを解消することが、シティズンシップのより包摂的な見方を可能にする鍵であった。

財産とシティズンシップの諸特性

古代ギリシアでは、家父長であることは単に家を所有する以上のことを意味した。家は、経済の基本構成要素であった。実際、「経済(economy)」という言葉は、ギリシア語の家(oikos)と秩序(nomos)に由来する。家長であるということは、経済的に自足していることを意味していた。彼は、さまざまな使用人たちと、とりわけ無給の家庭管理人である妻に、物質的なニーズの世話をさせていた。この〔財産という〕条件がもつ三つの特徴は、政治にとって重要であるとみなされた。第一に、第2章で述べたように、この条件は、市民が食いぶちを稼ぐ必要から解放されて、市民の義務に専念できることを意味した。それより説得力を欠く想定ではあるものの、市民は私的利益を追求する何らの必要にも縛られていないと〔すら〕思われていたのである。第二に、市民は物質に対する従属から解放されているだけでなく、他者に対する従属からも解放されていた。それどころか、市民は他者を〔使用人として〕所有していた。なるほど確かに、市民は生きていくために食べ物などを必要とし、必需品を供給してくれる他者を頼りにしていた。とはいえ市民は、自分の望むままにこうした他者に命令し、自分の意に沿って動かない場合には他者を売り飛ばすといったことができたのである。従属者とは異なり、市民は自立していた。彼らは生きる上で依存する他人から命令されるのではなく、自分が最善だと思うように考え行動することができたのである。最後に、この条件は、市民が政治共同体に対して当事者としての利害関係を直接もつことを意味した。市民自身の命運――少なくとも自分の財産の命運――は、自分の国のために戦い、場合によっては死も厭わないほど、密接に政治共同体の命運と結びついていたからである。

公共善への献身、自立、政治共同体における当事者としての利害関係の保持というこれら三つの特性は、政治を考える上で重要であり続けているものの、時が経つにつれて、これらの特性と結びついた資質〔の一覧〕から、私的財産の所有が取りはずされるようになってきた。実際、〔古代ギリシアで〕想定されていたこと全般がひっくり返ったのである。私的に自律していることが政治的領域における公共的自律の前提となるのではなく、政治に参加することと、私的領域の役割を制限のもとにおくことが、個人の自由を保証する事項になった。それゆえ、例えば公共善への献身という最初の特性を取り上げるならば、私たちはいまだに政治が個人的利得の源泉となることや、市民または政治家の私的利益に結びつけられることを避けようとするのである。★

しかしながら、政治を通じた私的利益の追求が起こらないようにするため私たちが今日試みているやり方は、古代ギリシア的説明を完全にひっくり返している。例えば、財産の所有が私的利益を追求せず公職を務める前提条件だという考え方の延長上で、一九世紀になっても、政治家に給与を支払うことは不適切であると一般に考えられていた。実際に、イギリスではこの考え方は地方レベルにおいて形式上は維持されている。一九七四年になるまで、地方議員がさまざまな課

★ この文には一部に不明瞭な箇所があった。著者と協議した結果、当該箇所を削除した上で訳出した。

題に取り組むための手当を受ける仕組みは導入されなかった。その後の改革により、この手当はその名前だけを残し事実上の給与へと変わったのだが。〔給与を支払わないことの〕目的は、政治家という専門職階級の発展を阻止することであった。〔なぜなら〕一方では、政治を専門職とすることは、被治者の利益とは区別された政治家集団としての利益をもつ政治階級をつくりだすことを介して、市民が交代で統治者と被治者を務める仕組みを弱体化させると考えられた。他方では、政治家に対する給与の支給は、公職を市民的義務の問題ではなく自分が裕福になるための手段に変えてしまうのではないかという懸念をもたらした。これは、ドイツの社会学者マックス・ウェーバーが述べた、政治家が政治の「ために」ではなく、政治に「よって」生きるという事態への懸念である。もちろん、この議論には欠点があった。給与の額にかかわりなく、政治家は、自分や友人たちの商売上の利益を優遇する決定をすることで、より大きな利益を得ることができるのだから。その一方で、この議論は私的財産をもたない人びとを公職から事実上追放した。政治家への給与支給に関する人びとの考え方は、政府内に役職をもつ人びとが口火を切って、次第に正反対へと変わっていった。つまり、公的に支給される給与は、多くの政治家が民間企業に勤めた場合に得られる給与よりもはるかに低いものではあったものの、政治家を私的な責務から解放する最良の手段だと考えられるようになっていったのである。同様に、政治の専門職化は、公共的利益のために先頭に立って自分が行動できることをアピールして〔政治家として〕成功を収めることで、その政治的スキルを磨き、政治の「ために」生きるインセンティヴを政治家に与えた〔と考えられるようになった〕。

これらの変化を可能にした新しい発想は、代表制デモクラシーと政党間競争の仕組みであった。この展開は、市民に課された要求についても変化を促した。市民は、公職の候補者に名乗りを上げることが可能な点で、潜在的な統治者たる資格をもち続ける。けれども、公職は大多数の市民〔の参与〕をもはや求めてはおらず、その代わりに、市民の主な役割は統治者を選ぶことになっている。選ばれた代表を通じて、さまざまな市民の集団が交代で統治し統治されるということを可能にしているのは、政党間競争と政権交代である。成員資格《メンバーシップ》の主要な論点はもはや、ある潜在的な市民に〔市民となり〕統治できる資格があるかどうかではなく、投票し公職に就く他者の適性を評価する資格が〔いまの〕市民にあるかどうかになっている。政治参加の煩わしさを大きく縮減したことで、成員資格《メンバーシップ》は、ほとんどすべての成人をその内側に包含するところにまで来ている。だが、一部の論者からは、この変化が政治参加を無価値なほどにまで貶めているという議論もされており、この点については第5章で検討したい。とはいえ、〔政治参加の〕時間がないことは、もはや障壁とはならないのだ。

自己利益についてはどうだろうか？　必ずしも的確ではないとしても、よくある民主主義批判は、市民たちが自己利益に基づいて近視眼的に投票するだろうというものである。こうした見解は、民主的意思決定の範囲を狭め、より無私的で公共的精神をもつとされる「名士」であるエリートに〔政治の〕一定領域を明け渡すためにもち出されてきた。この論点についても、第5章で詳しく検討したい。こうした懸念は〔確かに〕残るものの、それはもはや市民になるための障壁とはならず、市民に何ができるかについての障壁に過ぎないと指摘しておけばここでは充分である。

なるほど、福祉受給者の私的利益は、自分がその一部を負担しない公的歳出の増大に深く関連しているため、福祉受給者は投票を禁止されるべきだという議論はあった。この議論は、福祉受給者が投票からもっとも疎遠であり、社会一般に対する影響力ももっとも小さいという事実とは矛盾するけれども。しかし、多くの論者は、公共的利益とは集計された市民の利益そのものであると論じてきた。第2章で見たように、政府に従う人びとが自分の利益を政治的に表明することが許されない場合、その人びとが見落とされてしまう深刻な危険があることは間違いない。それゆえ、過去に論じられたように、公共的利益を市民の私的利益から切り離されたものとして考えるよりも、今日では、公共的利益と私的利益を結びついたものとして、公共的利益が私的利益によって形成されるものとして考えることがより適切であるように思われる。というのも、このような考えは、市民の私的利益が共同体全体の利益に結びついているという感覚を市民のあいだに育てるからである。

良い市民の第二の特性である自立に関する伝統的思考が覆されたのは、〔古代ギリシアの〕想定がまたもひっくり返されたからであった。前述の通り、生計を他者に依存している人びとは自立性を欠くだろうという古典的見解は一九世紀まで主流であり、大多数の人びとの排除を正当化していた。しかしながら、この見解が、もはや誰も享受できない、経済的・社会的「自立」の条件についての時代錯誤的理解に則っていることは、それよりはるか以前から明らかになっていた。早くも一八世紀末に、スコットランドの哲学者アダム・スミスは、ジャン゠ジャック・ルソーによるこの古典的立場の原理的擁護を批判し、勃興する商業社会によって可能となった分業の強化

――政治の専門職化はその一例にすぎない――の中心的特徴とは、私たち全員が相互に依存するようになることであると指摘した。「自由人」は、自己充足的な人間、つまり〔古代ギリシア的〕家制度に象徴される自律的経済システムの支配者ではもはやありえない。マキアヴェッリやルソーといった市民的共和主義の理論家がつねに恐れたように、贅沢品に対する欲望は、このような自立を――潤沢な財産をもっている人の自立すらを――破壊した。けれども、スミスが指摘したように、相互依存が普遍的になることは一定の平準化効果ももたらした。それは、形式面と実質面の両方で、立場の平等化へと向かう規範的かつ実践的な足掛かりをつくりだした。市場経済において私たちは皆、何かしらの専門的な仕事をしており、自分の必要とする物を供給してくれる数多くの他者に依存している。しかしこれら他者の誰も私たち個々人に対して従属していないし、グローバル化した複雑な経済のなかでは、誰かが特定の個人に従属しうる状況を想像することは難しい。それどころか、私たちは皆、とてつもなく豊かで有力な人ですら、商品、労働、サービスを得るために他者と自由な契約を結ばなければならないのだ。普遍的な相互依存状況では、自立はもはや個人的財産〔の多寡〕の問題ではなく、他者との契約条件のルールをつくる法と社会構造を通じて公共的に達成されるものである。こうしたルールはすべての人に適用されるので、相互依存の条件は公正であるべきであり、平等な尊重と配慮を相互にもつ権利と義務を受け入れるべきであるという規範的推定がある。

第2章で私は、契約の産物としての政治社会の観念が、こうした公正な社会的・政治的仕組みをつくる強力な理論的手段を提供すると述べた。そのうえ契約の自由は、重要な実践的帰結をもたらした。それは、まず就労条件を、次に政治を含む労働以外の領域での法的地位を平等にするための交渉力を労働者が組織し用いることをついに可能にしたのである。肝要なことは、すべての市民が自分のことを自分で決められるように保証することであり、生活手段と情報源を他者にまったく依存しているからといって、他者の意見に従わざるをえない状況を避けることであった。例えば、教育と福祉に対する権利の根拠の少なくとも一部は、これらが他者への従属を防ぎ、市民としての自立を人びとに保証するからである。教育は市民自身が情報にアクセスしそれを評価することを可能にし、福祉は人生の必要事について他者の慈悲に全面的に依存することは決してないことを意味する。さらに、こうした方策を公共的に支える正当性は、ここでもまた、私たちが相互に依存し合っているという状態に由来する市民間の互恵性の義務から来ているのだ。

もちろん、公的な支援があっても、仕方なく従属状態にあり続ける人たちがいるかもしれない。子どもは、自立した理性や自分で生計を立てる能力が発達途上であるために、十全なシティズンシップから排除されており、親の意見や支援に従属せざるをえない。精神的・身体的に障害を負った人たちも、似た理由によって十全なシティズンシップから排除される傾向がある。こうした形の排除についても論争は生じてきた。しかし全体として批判は、例えば子どもが二一歳あるいは一八歳で――イギリスでは最近は一六歳と提起されているが――知的・経済的自立を果たすかどうか、そしてそれゆえに投票権をもつべきかどうかといった、グレーゾーンの扱いに向けられており、自立の概念を一切拒絶した結果として生じているのではない。

私的財産が公共善への献身や自立の証拠としてはもはや考えられていないことと同じように、

それと似た理由から、私的財産がシティズンシップの第三の特性である、政治共同体に対する当事者的利害関心の証拠として充分に機能するのかについても疑問が投げかけられうる。私的財産がシティズンシップの特性のひとつだという主張は、自立についての古典的見解と同じく、一九世紀まで残っていた。例えばこの問題は、万人の投票権を認める原理に関する最初期の議論のひとつである、イングランド内戦中の一六四七年に行われたパトニー討論の中心的論点であった。国王に対抗して議会を支持した軍の一派は、平民兵士であっても政治的自由権をもつと考えていた。のちに「レヴェラーズ」★として知られることになるこの一派最高の雄弁家レインバラ大佐が、政治的平等を擁護して次のように論じたことは有名である。「イングランドにおいてもっとも貧しい人といえども、もっとも富める人同様に、生きるべき生命がある。それゆえに(……)イングランドにおけるもっとも貧しい人は、自分自身をその下に置くかどうかについての投票権がない政体に対して厳密には縛られていない」。クロムウェルの周囲に集った「グランディーズ」による応答は、当時の一般的な考えを反映していた。この派閥を代表して、ヘンリー・アイアトンは反論した。「この王国において永久不動の利害関心をもたない人は誰も(……)王国の諸事を処理することについての、またわれわれがここで統治されるべき法を定める諸事を決定あるいは選択

★ イングランド内戦中の議会派内部にあって、レヴェラーズは、平民層に勢力を伸ばした急進的な一派である。グランディーズは、土地所有ジェントリからなる軍幹部を中心とした議会派内部の一派であり、クロムウェルやアイアトンらが属した。

図７　パトニー討論（1647年10月から11月）．©2003 Fotomas/TopFoto.co.uk

することについての利害関係や分け前に対する権利をもたない」★。そして、彼がほのめかすには、そのような「永久不動の利害関心」のもっとも明白なしるしは、王国の領土の一部、つまり不動産を所有することであった。けれども、財産所有と共同体全体の長期的利益に対する関心との結びつきは、つねに条件つきかつ部分的であり、海外投資家によって主要資産が保有されている今日のグローバル経済においては、よりいっそう疑わしいものになっている。その結びつきはもっぱら、資産保有者が、その資産運用から生じる他の市民への良い効果からどの程度利益を得られるか、あるいは資産保有者の活動による何らかの悪い効果をどの程度市民と共有するかにかかっている。不幸なことに、このような結びつきは大抵ありえず、資産保有者は、共同体全体の「永久不動の利害関心」に反する仕方によってその財産を使用することで、より多くの利益を得ることがある。その古典的な事例は環境汚染である。環境に配慮した政策が、企業所有者に利益をもたらす――企業所有者の儲けを促進して利益を得るか、あるいは環境破壊によって自身が悪影響を被ることを避ける形で利益を得るか――のでなければ、企業所有者は環境に配慮した政策を遂行するインセンティヴをもたない。まさにこの理由から、実際にそうした政策が遂行されることはまれなのである。

しかしながら、市民の利益が政治共同体の利益に結びつけられているかどうかについて、財産が当てにならない指標だとしても、長期のコミットメントを示す何らかの指標の存在は妥当だと思われる。結局のところ、市民は国家から利益を得るだけでなく、自分たちの意思決定を通じて、国家の未来の形に影響を及ぼすこともできるのである。それゆえ多くの国家は、帰化を望む移民に対してだけでなく、生まれながらの市民に対しても、かなりの期間の継続した居住を十全なシティズンシップの基準として求めてきた。生まれながらの市民であっても、別の場所に居住することを選択するならば、いくつかの権利を失うのである。確かに、財産所有よりも居住は、より実質的な指標を提供する。居住者は、自分も政策の影響を同じように受けるため、他の市民に悪影響を及ぼさない政策の追求に真剣になるのである。

それにもかかわらず、次に論じる問題が残る。国境の外に居住しながらも、その国の多くの政策から影響を受ける人びとの問題である。ここでもまた、環境問題への対応が有意義な事例を提供してくれる。例えば、工場に高い煙突の建設を強制する政策は、地元住民にとっては良い知らせであろうが、国境の外に居住する人びとへ有害排出物を輸出する効果を生んでしまう。それゆえ一部の論者は、どんな政治的組織であろうと私たちに影響を及ぼすのであれば、私たちはその

★ 訳文は訳者による。パトニー討論と関連文書の邦訳・解説は以下を参照。大澤麦・澁谷浩訳『デモクラシーにおける討論の生誕――ピューリタン革命におけるパトニー討論』聖学院大学出版会、一九九九年。

政治的組織に属する市民として扱われるべきであると主張している。しかし、かなりの程度に境界が定められた領土的空間を私たちが共有することは、私たちが政府のあらゆる施策から著しい影響を受けることを意味する一方で、いくつかの限られた政策のみが国境外の人びとに大きな影響を及ぼすのである。国内においても、例えばごみ収集のように、相応の狭い地域単位でもっとも効果的に運営され、またその地域のみに影響するような、地方レベルで決定することが最善である問題と、例えば防衛のように、国レベルで決められる問題のあいだに違いがあることは間違いない。

さらに次のような事情もある。イギリスを含むいくつかの国では、多くの人は、国《ナショナル》のシティズンシップをもつためのよりハードルの高い基準を満たさなかったとしても、居住事実に基づき地方自治体の市民としての資格を得て地方選挙で投票できる。けれども、国という政治共同体が地方の政治共同体を包含しており、地方と国どちらへの投票権ももつ十全な市民がいるため、地方の政策が国の政策にもたらす、そして逆に国の政策が地方の政策にもたらす波及効果が考慮される。これと対照的に、例えば、高い煙突を建設するような施策がデンマークの池を汚染する酸性雨を降らすことになるからといって、デンマーク市民にイギリスのある環境政策についての投票権を与えることは――デンマーク人の利益となる環境保護政策への支出が、イギリス市民全体の利益となる国レベルでの健康政策あるいは教育政策を弱体化させる方向で政治的アジェンダを歪めうるなら――不公平であろう。もし人びとが、グローバルな政治共同体に作用する問題が何らかの形で国レベルの政策を包含すると考えることができるのであれば、こうした問題は回避されるかもしれないが、ＥＵの経験が示すように、問題はそれほど単純ではないのだ。

その一方で、単なる居住事実や何らかの政策から影響を被ることそれ自体からは、政治共同体に対する当事者的利害関心は生まれないかもしれない。この理由は、人びとが政治共同体の政策に対して支出する必要がない場合には、その政策の効率性や有効性を保証しようと人びとを動機づける利害関心が充分に生まれないかもしれないからである。独立を宣言したとき、アメリカへの入植者たちはもっぱら「代表なくして課税なし」というスローガンに基づいて宣言を行った。

しかし、すでに述べたように、この逆もまた同様に真実であろうと長く考えられてきた。つまり、税を払わないものは代表されるべきではないということである。そうでなければ、人びとは費用対効果の高い政策を遂行するよう政府に働きかける動機をもたないだろう。似た理由から、一部の論者たちは、高齢者から公民権を剝奪するべきだと主張している。というのも、例えば、高齢者は後継世代によって支払われる現在の年金支給額を大幅に引き上げる〔政策を後押しする〕ことによって、将来のための〔共同体全体としての〕貯蓄をしないという動機をもたらしかねないからである。もちろん実際は、大多数の年金生活者には子どもがおり、それゆえ子どもの将来に対する関心をもっている。同様に、福祉受給者も〔年金受給者とは〕別の仕方で政府の効率的な政策から恩恵を受けており、福祉手当を供給できるほど経済が強くあり続けることに関心をもっている。さらに福祉受給者は、働ける状態になったり職業訓練を受けることなどを通じて、国家の歳入に対して、少なくとも潜在的な貢献者となる義務をもつと、多くの論者が主張している。こうした主張は、アメリカ、カナダ、そしてオーストラリアにおけるワークフェア★あるいは「相互義務」

政策の背景にある。シティズンシップの資格を満たすためには、さまざまな政策に影響されるだけではなく、政策の維持に貢献しなければならないというこの見解は、市民が政治共同体によって提供される公共財を維持するために協力するという考え方、つまり、国民的《ナショナル》な福祉国家の中核に位置する互恵性の観念から生じている。犯罪者がシティズンシップから排除されるのはまさに、この社会契約を破壊したからである。だが、この〔行政的〕実践はますます論争的になってきている。有罪となった重犯罪人が、収監中だけでなく、生涯にわたってしばしば公民権を剝奪されるアメリカにおいてはとくにそうである。

自分と国家の利益を一致させようとする意思と、国家を支えるために自分の役割を果たそうとする意思のもっとも明白な指標は、長い間、兵役であった。さらに言うと、共和主義の理論家たちが危惧したのは、もし統治者が傭兵を用いたり職業軍人からなる軍隊を組織できれば、被統治者を支配できてしまうだろうということだった。市民からなる軍隊は、統治者をつねにチェックするデモクラシーを補完するために必要だったのである。注意してほしいのは、この議論は個人が武装する「権利」を意味するのではなく、むしろ国家の防衛に参加する市民の義務を意味することである。このことは、アメリカ合衆国憲法修正第二条が武装権を「規律ある民兵」の必要性と結びつけている点に暗に示されているが、後の議論では忘れさられてしまっている。これらすべての考えは、前述したレヴェラーズの要求の背景に存在していた。なので、「財産」というこの項の見出し語の下にこの〔兵役の〕論点を挿入することは奇妙に見えるかもしれない。けれども、古代と中世においては、戦士として認められていた人は、自ら武装する人か、または自分の従者のなかから兵を集めその資金をまかなうことができる人だけであった。一七〜一八世紀のあいだに軍務が職業化されてもなお、望んで入隊する一般兵はほとんどおらず、彼らは強制されて軍務に就かなければならなかったし、自前で武器を購入しなければならなかった。大きな変化は、またしても一九世紀末から二〇世紀初頭に大衆からなる軍隊が必要となったことにともなって起こった。すべての成人男性に対する普通選挙権の導入と、すべての健康な成人男性の徴兵は、多かれ少なかれ連動して行われた。とりわけ第一次世界大戦での大量殺戮を踏まえると、人に尊い犠牲を求めつつ、それがいつ要求されるのか、また何のために戦うのかについて口出しする権利を与えないままでいる状態は維持できなくなったのだ。普通選挙権の導入と男性の皆兵制が連動して起きたことは、〔市民である男性のみが兵役を担った古代ギリシアと比較して〕いっそう包括的な仕方ではあるが、シティズンシップと兵役に関する古い共和主義的見解の重要性を再確認させた。その仕方は、武器を所有することと武装権とを切り離し、武装権をまたも脱私事化させるものであった。他方で、戦争が職業軍人の軍隊によって戦われるものに戻り、民間企業にすら頼るようになっていったことにより、市民による武器所有はいっそう不必要なものとなった。この展開は、シティズンシップと、戦う権利・義務とが分離してしまうことに対する古典的共和主義者の懸念を潜在的に蘇らせうるものではあるのだが。

★「勤労福祉」とも訳される。福祉受給者に対して、その条件として一定の労働などを義務づける制度のことを指す。イギリスもこの類型に分類されることが多い。

これまでに述べたその他の変化と同様に、当初はこの変化は男性だけに影響した。その上、この変化は、国家と〈人びとと〉の国籍を通じたより徹底的な文化的一体化をともなって——またこの一体化を想定して——おり、愛国者のみが国のために死ぬ用意ができているものと考えられた。したがって、次とその次の項では、今まで論じてきたシティズンシップに関する基準が、どれほどジェンダー的・文化的バイアスをともなっているかをそれぞれ検討する。

ジェンダーとフェミニズムからの批判

シティズンシップの伝統的属性の多くは男性的役割と関連づけられてきた。例えば、兵役から女性は排除されていた。この事実は、シティズンシップがいかに定義され実践されてきたかに対するフェミニズムからの二つの方向からの批判を生んだ。フェミニストたちの主張によれば、第一に、シティズンシップの公共的実践はしばしば〈男性による〉女性の私的支配に依拠し、そして第二に、シティズンシップは男性的な資質に関係して考えられてきた。

第一の批判の妥当性は否定しがたい。かつては、そしてある程度は今日でも、男性は女性を、思いのままに命令し無給の家庭使用人として扱うことのできる個人的な従属者にしてきた。女性の従属性は、経済的に、男性が主たる「稼ぎ手」であり、また一九世紀までは結婚によって妻の資産が男性の所有物とされたことに起因し、さらに、法的に許容された身体的暴力の行使を含む強制によりしばしば強化された。例えば、配偶者間レイプは多くの地域で二〇世紀に入りかなりたつまで法的に認識も犯罪化もされていなかった。★ 女性の家庭内労働力を思うままにできたことが、政治を含む「男の」仕事を、家の維持と子育てを働き手の責任から除外するものとして構造化することを可能にした。過去一〇〇年を振り返ると、二〇世紀半ばまでにほぼすべての確かな基盤をもった民主主義国において女性が男性と平等な投票権を獲得したことに始まり、二〇世紀後半の差別禁止法や同一賃金法の成立まで、いくつかの重要な法律面での変化があった。それでもなお、ケアに関するほとんどの役割は無償であり必要な支援も十分に与えられていない状態が続いており、しかもいまだその役割の大部分は女性が担わされている。結果として、低賃金のパートタイム職では女性が圧倒的に多い一方で、女性はほとんどの上級管理職において充分に代表されておらずかつ報酬額は男性よりも低い。イギリスのある近年の調査は、パートタイムで働く女性の給与がフルタイムで働く男性と比べて、時給にして平均で三八％低いことを明らかにした。さらに、フルタイムで働く女性であっても、その給与はフルタイムの男性より時給にして一七％低かった。政治も例外ではない。実際のところ、むしろ政治は多くの他の専門職よりひどい状況にある。例えば、本書執筆時点でイギリス議会議員の女性比率は二〇％に満たず、閣僚報酬つき内閣二二人のうち女性は五人だけであり、もうひとりいる内閣のメンバーは女性だが、彼女のポストである住宅担当大臣は無報酬である。議会の女性比率が四〇％前後である北欧諸国を例外として、多くの民主的政府はイギリスと比べてさほどうまくやっているとは言えない。実際のとこ

★　各国で事情は異なるが、日本や欧米の多くの国で、配偶者間レイプを犯罪化する法律が整備されるのは一九八〇年代ないし九〇年代に入ってからである。

ろ、国レベルでは女性の政治家が一六％しかいないアメリカのように、多くの民主的政府の状況はイギリスよりもかなり悪い。

この状況はいかにして変革しうるだろうか？　またこの状況は、私たちの政治への考え方に関してどのような含意をもつだろうか？　とりわけ、シティズンシップを脱男性化することは、政治に関する特別にフェミニズム的なアプローチをとることを意味するだろうか？〔政治に対する〕新たなアプローチが必要であるという主張の中心には通常、「個人的なことは政治的なことである」というフェミニズムのスローガンがある。あるレベルではこのスローガンは社会的態度の変革の必要性を訴えており、そのような変革は政治の公式の回路の外側での行動を必要とする。例えばそれは、子育てや掃除は「女の」仕事であり、男性が行うに値しないかまたはなにやら男性には向いていない、という男性の思い込みに対して、女性が異議を申し立てることを通じてなされる。別のレベルではそれは、前政治的な私的領域の上に成り立つものとして政治をみることはできない、ということを示している。それどころか、政治とその前提条件はそれら自体が政治的かつ公共的な仕方で構築されているのだ。結婚も結局のところひとつの法的関係であり、法は寝室に立ち入ってレイプを違法なものと定めることができるのである。同様に、母親と父親に育児休暇を与えるよう雇用者に義務づけることや、国が子育てのための財政支援をすることは、個人的関係を一定程度再構成する公的な施策である。この二つの変化はいずれも、女性が市民ないし政治家として〔政治に〕参加することを明らかに助けるものである。うまくいけばそれらは、女性の候補者を選出することに対する偏見を改め、家事と家庭の責任の男女間の共有とより両立可能になるように、政治の職場を変革していく。同じくらい明らかなこととして、先に見た数値が露骨に示している通り、変革は継続的で足並みの揃った公共的な取り組みによってのみ生じ、しかもそれには耐えがたいほど時間がかかるのである。

「個人的なことを政治的なこととして」構想するこれら二つの仕方はいずれも女性にとって重要であるが、これらは特別に「フェミニズム的」であるというよりも、シティズンシップの理解が辿ってきたより全般的な歴史的足跡を体現している。第1章で触れたように、現在のシティズンシップ論では、私たちが他者に負う社会的および道徳的責務をより広く捉える、拡張されたシティズンシップ理解が主流となっている。これもまた既述のとおり、政治にとって社会的道徳は重要であるが、それでもなお、国家の公式の政治過程のなかでなされる集合的意思決定には〔社会的道徳に還元されない〕特別な役割がある。この点に関する主要な変化は、男性と平等な立場で〔政治に〕参加できるようになるのに必要な、私的領域における個人的自由を女性に与えることは、実は公共的な事柄であるという認識〔の確立〕である——それは、家事の共有を促し、子どもや高齢者等々をケアする役割を担う個人を差別しない、公正な公共的ルールと共同の政策の体系を導入することによって実現される。しかしながら、私的自律は公共的領域への参加の基盤を提供するのではなくむしろそのような参加の産物である、というこの想定の反転は、これまで見てきたことからわかるように、非財産保有者が辿った経路とまさに同じ軌跡を描いている。というのも、彼らもまたよりよい労働条件、教育、福祉などを求めて〔人びとを〕組織化することで公共的事柄への参与に対する私的障壁を乗り越えなければならなかったのである。彼らもそのようにして、

図8　1913年のニューヨーク市での女性参政権のための行進(上)と，2000年のニューヨークでの労働者の権利を求めるメーデー・デモ(下)．©Bettmann/Corbis; ©2004 The ImageWorks/TopFoto.co.uk

こうした問題は純粋に非政治的であるという見解に異議を申し立てたのである。

第二に、フェミニストたちは、シティズンシップは男性的なものの見方ではなく女性的なものの見方から理解されなければならないと主張している。これは〔第一の主張と比べて〕より論争的である。歴史的に、女性は感情的すぎる——女性は理性よりも情念に支配されており、不偏的に行為するよりも自分が特別の愛着を感じている人たちに偏りがちだとされた——という理由からシティズンシップに適さないとみなされてきた。〔これに対して〕決してすべてではないが一部のフェミニストは次のように主張した。すなわち、理性、不偏性、普遍主義は実際のところ男性的な思考方法であり、女性は特定の他者に対する愛情と感情を軸とするより「ケア的な」アプローチをとるのだと。しかしながら、男性と女性が互いに対して完全に平等な立場にあったことはこれまでにないため、どのような態度が男女間に存在しうるなんらかの本性上の差異に起因するもので、どのような態度が単なる文化的・社会的規範の産物なのかは知りえない。現実には、道徳的・政治的推論の特徴に関するこの論争のいずれの陣営にも男女両方がいる。さらに言えば、権利と正義に関する普遍的説明とより個別的で感情的な義務の紐帯の二者についての、それぞれの適切な役割とバランスをめぐる〔こうした〕議論は、成員資格《メンバーシップ》に関するもうひとつの大きな争点――すなわち、シティズンシップはどこまで一定の民族《エスニシティ》の特徴や文化的な特徴を共有する同国民《ナショナル》に限定されるべきなのか――にもかなりの程度当てはまる。

ナショナリティ、民族《エスニシティ》、多文化主義

すでに見たように、シティズンシップについてのより包摂的な見解の発展は、公共的に支えられた民主的な福祉制度の出現に依拠していた。歴史上、こうした福祉制度は国家・国民建設の文脈の中から現れてきた。今日の重要な論点は、デモクラシーと福祉の国民国家との結びつきが、どの程度まで歴史的偶然でありいまや乗り越えられうるものであるかに関わる。国民建設が民主的な福祉制度の不可欠な一側面であるという主張は、国民《ナショナル》意識が連帯と信頼をつくりだすことに貢献すると同時により広く共同の政策を形成し維持する市民の能力を促進する、という想定に依拠している。連帯と信頼はいかなる協働的企てにとっても必須であり、相互に補強し合っている。デモクラシーは、共同的決定を受け入れるのに充分な互いへの連帯と、協働にとって充分な

互いへの信頼とを感じる人民ないしデモスを前提としている。連帯がないところでは、個人は自分にとって利益となる共同的決定にしか従わない誘惑にかられるだろうし、そのような決定に関してさえタダ乗りする傾向がありうる。多数派は少数派の便宜を図ろうとはしないかもしれないし、少数派は多数派の決定を受け入れようとしないかもしれない。信頼がないところでは、誰も自分の役目を果たさないだろうという恐れが生じてくる。それは例えば、もし選挙での敗北を認めてしまえば次の政権が現政権の勢力が再び政権の座に着くことがないように妨害するだろうという予測であり、そしてその予測がそのまま、現政権が権力の座に留まるために選挙過程を歪めたり停止したりするための口実となってしまう、という恐れである。同じように福祉も、「持つ者」が「持たざる者」に示す連帯と、「持つ者」が「持たざる者」の状況を改善するために最善を尽くすことへの信頼、そして、それがうまくいったら今度は「持たざる者」も応分の負担を担うことへの信頼に依拠している。★最後に、共同的決定を行うことは、関係者全員が正統であることに合意しかつ使うことのできる共通の制度、慣習、言説を前提としている。

共通のナショナリティは、共有された文化、歴史、言語を通じて形成される共通のアイデンティティをつくりだすことにより、連帯意識と信頼感を養うと言われる。これらの共通性は、人びとのあいだに、意見や利害関心の多くの差異を超えて相互に協働することを可能にする結びつきをつくりだすとされる。この主張には、社会学的、規範的、そして機能的な部分がある。第一に、相手が自分にとって重要な類の近似性をもつならば、その人たちと関係をもちその人たちを信頼することはより容易になる。第二に、人間一般に対して私たちが負う人道的な責務は重要であるが、デモクラシーや福祉のような協働的営為はそれ以上のものに関わっている。デモクラシーや福祉は、人びとのあいだの高度の相互性と、家族やよき隣人とのあいだに存在するような特定の他者への特別な責務とに必然的に関わる。そのような責務をすべての人間のあいだに創出し維持することは困難であるだけでなく、〔そもそも〕文化が異なれば、その形成の仕方も異なるだろう。最後に、そして前二項目に劣らず重要なことに、共有された言語と政治的伝統は、コミュニケーションと意思決定を大いに助け、それにより、すべての人が平等な立場で参加することをより容易なものとし、誤解や相反する立場のあいだの衝突が生じる範囲を縮小させる。

したがって、この説明によればシティズンシップを定義づけるのはナショナリティである。それは、市民が政治共同体での生活において平等な立場で相互に関わり合うことを可能にする、社会的な結合剤および媒介物を提供する。しかし、国家建設と国民建設はかつて歩調を合わせて進んだものの、両者のあいだに過度に緊密なつながりを見出すことには明らかな問題がある。推計上世界には五〇〇〇から九〇〇〇の民族《エスニシティ》・文化集団が存在するが、国家は二〇〇ほどしかなく、その九〇%超が二つ以上の民族《エスニシティ》集団を含んでいる。この多様性を克服するために、過去の国民建設は、ジェノサイド、強制的大量人口移動、強制的同化、そして統治集団による支配と管理――あるいはこのうちのいくつか――をともなうものとなった。ほとんどの国家が戦争と征服を通じて形成されているため、先住民や、ネーション・宗教・民族《エスニシティ》・言語面での少数派集団はす

★この文には一部に不明瞭な箇所があった。著者と協議した結果、一部原文に修正を加えた上で訳出した。

べてこの種の抑圧に苦しんできた。また、国家建設後の時代において、少数派としての移民も同様の抑圧に晒されてきた。今日、ナショナリズムのまともな擁護者は、このような手法が許容される余地があるとは決して考えておらず、むしろ、共通のナショナリティが多様性を包摂しうるだけでなく多様性を可能にするのだと主張している。

では、ナショナリティはいかにして多様性を可能にするのだろうか？　ナショナリズム擁護者たちの主張によれば、第一に、人びとが効果的に相互行為をするには、なんらかの共通の構造が必要になってくる。つまり、いかなる変革も——そこには法的・政治的制度自体の変革も含まれる——適切なメカニズムを通じて実現されなければならず、既存の法的・政治的制度はそうしたメカニズムとして完璧ではないとしても適切なものである、ということについて広い合意がなければならない。第二に、他の市民に対して平等な立場で関わろうとする意欲、そして共通の法や政策をすべての人に対して理に適ったものとして正当化しうる仕方で形成しようとする意欲がなければならない。こうした要請は、市民が国に忠誠を誓うことやその政治に関する歴史と制度についていくらかの知識をもつこと、主要(諸)言語をある程度流暢に話せること、そして国を構成する人びと《メンバー》の文化的な慣習や感性を理解することと矛盾しない。実際のところ西洋民主主義諸国は、共通のナショナルなシティズンシップ★の諸要素を、シティズンシップ獲得のためのテストやセレモニー、そして学校でのシティズンシップ教育に公式に盛り込むことで、段々とそれらを体系化してきた。

典型的には、これらの政策は、文化の多様化を背景として増加する騒動や暴力に対する恐怖感と、〔全人口に対する〕移民の割合増加への懸念に対する応答として生じてきた。結果としてこれらの政策は、少数派集団に対する差別を減じるよりもむしろ拡大しているとして一部からの批判を招いてきた。一部の論者は、これらの政策は人権規範と国際法が求める配慮によって置きかえられるべきだと論じている。これらの議論については次章でよりしっかりと検討することにしたい。だがナショナリストからの応答を簡単に見ておくならば、権利の規範はつねにそれを特定の仕方で具体化するなんらかの文化的文脈のなかで実現されなければならない、ということになる。さらに言えば、そのような特定の文化への文脈化の効果は決して中立的ではありえない。〔例えば〕公休日や公用語は何らかのものを定める必要があるが、その選択は不可避的に、特定の少数派に、より大きな影響を与えることになるだろう。

だが、そうした決定の差別的な効果を緩和しうる方法は多くある。例えば、イギリスにおいてオートバイのヘルメット着用義務からシーク教徒を除外する場合のように、特定の文化的実践を不利に扱う法律については例外規定を設けることができる。少数派がなんらかの不利を乗り越えるための支援提供もありうる。そのような支援の形態は、イギリスにおける宗教学校への財政支援のような文化活動に対する国の支援から、アファーマティヴ・アクション、そして少数派が受

★ Common national citizenship.「連合王国 United Kingdom」のように、スコットランドやイングランドなどの複数のネーションが共有する、より大きなネーションのシティズンシップのこと。なお本書では、日本語の慣例に従い、連合王国を「イギリス」と表記する。

図９　2005年のオーストラリアにおけるシティズンシップ・セレモニー．©Newspix/News Ltd.

け入れられていることの象徴的な承認――それは例えば、宗教教育や公的セレモニーに関する政策を複数の信仰に適合させることによってなされる――までありうる。少数派に対して一定の自治権を委譲することもありうる。例えば、イギリスでは少数派ネーションであるスコットランド人、ウェールズ人、北アイルランド人に、カナダでは先住民のイヌイットに、一定の自治権が委譲されている。自治権委譲とともに、あるいはその代わりとして、ニュージーランドのマオリ族の場合のように公的機関に少数派たちの特別の代表を導入することもできる（これは移民コミュニティにも適用されうる）。複数言語政策やさらには複数の法体系の並立を認めることもありうるのであり、それぞれウェールズとスコットランドにその実例を見ることができる。ほとんどの国がこれらの政策のいずれかを採用しており、オーストラリア、カナダ、アメリカなどの伝統的な移民国家はこれらのほぼ全てを採用してきた。イギリスもまた同様である。

これらの政策の目的は、現代社会を構成する非常に多様な集団のあいだに所属の感覚をつくりだし、共通のナショナルなシティズンシップの観念をより包摂的なものとすることである。再び社会契約のイメージを用いて言えば、これらの政策は、市民的平等をよりよく反映する、相互に受容可能な政治的協働の規範を求めて交渉する市民の試みを体現している。しかしながら、一部の論者たちはこれらの政策をシティズンシップの構想全体を弱体化させるものとして批判してきた。それらはシティズンシップが付与する平等な地位を損ない、市民的アイデンティティを断片化することで、連帯と信頼の喪失および市民参加の減少を招いているというのである。共和主義的な市民としてのアイデンティティの強い伝統を有するフランスはおおむねこうした批判の路線をとってきたが、同様の立場は多くのリベラルによっても擁護されている。しかしながら、経験的証拠はこれとは反対のことを示唆する傾向にある。経験的知見によれば、共通のナショナルなシティズンシップを推進する政策は、同程度に明白な多文化主義と多様性へのコミットメントをともなう場合に、より受け入れられやすいことが判明している。カナダのケベックやイギリスにおけるスコットランドの事例に示されているように、ある領域に集住している少数派はこの知見の部分的例外であり、そこでは統治機構の委譲はいっそうの独立とさらには分離への要求を弱めるよりもむしろ強化しうる。と言っても、分離独立が成功したとすれば、新たな国は多様性に関する全く同一の問題の多くに直面せねばならなくなるのではあるが。

さらに、いかなる政治体においても、少数派をどこまで包摂できるかには限界があるし、少数派の実践が人権を侵害しているとみなされるときにはとりわけそうである。例えば、西洋民主主義諸国はいわゆる女児割礼(陰核切除)の実践を違法化してきた。だが判断の難しい事例もあるし、子どもの教育と――多くの文化で従属的な役割をもつ――女性に対する態度についてはとりわけそうした事例が多い。これらの事例では、特定の伝統的実践を維持することと、子どもそしてとくに女性の選択――伝統的規範に従うのか、それを部分的に修正するのか、はたまたそれを完全に放棄して、より広い共同体が提供するより広範な可能性を探求するのか――の機会を保護することとのあいだに潜在的な緊張がある。これらの緊張は国ごとに異なる仕方で解消されてきたが、共通のシティズンシップへのコミットメントのしるしは、相互に受容可能な形で正当化されうるような解決策を、影響を受けるすべての当事者が探求することから生じる。こうした仕方によって、ナショナルなシティズンシップは支配的集団が他の人びとに押し付けるのではなく、ひとつの共有された市民的プロジェクトとなるのである。そのプロジェクトは、すべての立場からの一定の妥協と順応を要素として含んでいる。

外国人から市民へ――境界外の排除

これまで私は、市民であることをいくつかの特性の観点から定義してきた。とくに重要なのが自分の私的利益と公共的利益の接続であるが、国へのコミットメントや労働、納税、そして投票によって国の経済的・社会的・政治的な公共財に貢献する意思や、政治の仕事ぶりを評価し独立した判断を行う能力は、すべてそこに含まれる。そうした特性をすべての人に拡張することは、それを私的責任ではなく公的責任とみなすことに依存している一方で、それらの特性の共同での行使は共通のナショナリティの感覚によって助けられる、ということも私は述べてきた。最後に私は、こうした観点からシティズンシップをみることが、女性あるいは文化的少数派や少数派のネーションに対して差別的なものとなる必要はないことを主張した。むしろ少数派は、自分たちの市民的平等への要求を反映するものへと、国《ナショナル》の政治文化を少しずつつくりかえていくことに成功してきた。だがそうした努力が成功したかどうかを決める重要な試金石となるのは、その結果として形成された成員資格《メンバーシップ》の基準が、〔シティズンシップへの〕受け入れ判断の根拠として、これから移住してくる移民の観点から擁護できるものをどの程度提供しうるかだろう。

この問題は、国境を越えた移住を促進する要因が増大するにつれて、ますます重要なものとなってきている。確かな数値を得るのは困難だが、二〇〇〇年時点で一億五〇〇〇万人もの移民がいたと推計されている。これは一九六五年の二倍にあたる。大規模移民の時期はもちろん過去に何度もあった。だが、現代の移民の流れの範囲が地球規模であること、そしてその多様性と継続的な数の多さは、過去に例を見ない。この移民圧力の一部は戦争や抑圧によって国を追われた難民申請者に由来するものである。区分の境界線はしばしば曖昧であるが、人道的な援助の義務――そして難民条約(「難民の地位に関する一九五一年の条約」「難民の地位に関する一九六七年の議定書」)の締約国にとっては法的でもある援助の義務――が存在する〔難民申請者という〕この集団を、新たな人生やよりよい生活を求める移民から区別しておきたい。重要な争点は、増加しつつある第二のタイプの集団からの移民要求を政府が制限することは正統かどうかである。

すべての裕福なデモクラシー諸国は、実際に移民を制限している。移民制限は通常、コミットメントを示すための通常三～四年の居住要件や、言語テスト、国の歴史《ナショナルヒストリー》、慣習、および制度についてのテストを設けることを通じて行われ、医者のような経済的に望ましい技能を有する人を優遇してきた。これらの条件は、人が政治共同体の十全な成員になるために必要であると伝統的に考えられてきた、上述のいくつかの特性を体系化したものである。これらがどの程度差別的なものとみなされるかは、これらが適用される文脈やその仕方に依存する。もし国が民族《エスニシティ》および文化の面で似通った集団を優遇することなくすべての国からの移民を広く歓迎しており、言語とその他のテストの要件を満たすための公的支援があり、要求される言語能力は基本的なもので、政治や文化に関する質問がすでに市民である人の大半が答えることのできるような素直なものであり、かつ、もともともっていたアイデンティティと所属意識の放棄をすべての移民に強要するようなものになっていないとすれば、その場合には、それらの条件は移民コミュニティのあいだでも広く支持されるか、あるいは少なくとも物議をかもしはしないだろう。例えば、一九六〇年代以降徐々にシティズンシップおよび移民政策が開かれたものになっていったカナダでは、これらの政策は、正統でありかつ――移民が新しい国で十全な成員になったと感じることを難しくするのではなくむしろ容易にする点で――正統性を付与するものとして、普遍的にではないにせよ大体において受け入れられている。そこでは、移民を対象とした境界外のシティズンシップの基準は、より幅広くかつ多文化主義的な境界内におけるシティズンシップ政策を素直に反映したものである。対照的に、イギリスのような旧植民地宗主国においてしばしばそうであるように、これらの政策が移民に対する人種差別主義の色合いを帯びた猜疑心を背景に実施されるとき、そうした政策は不信感を招き排除的なものとみなされうる。こうした懸念は、移民コミュニティとテロリズムのあいだの新たにもちあがった結びつきについて、近年いくつかの国の政府が示したパニック反応的対応により、深まってきている。現地出身の市民の潜在的恐怖心を宥めようとする試みは大抵裏目にでている。それは、そうした恐怖心に証拠を与えるかのように見えてしまうかたわら、移民コミュニティを疎外し、社会的緊張を激化させてしまう。

そのような失敗は、シティズンシップと国民国家の成員資格《メンバーシップ》との結びつきそのものの評判を悪くしてきた。とはいえ、この結びつきが存在する限り、国民《ナショナル》を単位とする政治共同体への参加に必要な属性を反映する基準によってシティズンシップへの加入を制限することは正当化されることになる。しかしながら、一部の論者は、ますますグローバル化する私たちの社会において、この結びつきは実践的にも道徳的にも擁護不可能であると主張してきた。これらの論者は、それに代わって、シティズンシップを普遍的人権の観点から定義しようと模索している。次章では、規範的かつ実践的に、そのような定義がどこまで可能なのかを検討したい。

4　権利と「諸権利をもつ権利」

シティズンシップはしばしば何らかの権利と同一視される。ある国が行うどのような政策もそれに相応する権利を市民に付与することになるため、表面的な意味では、この同一性はつねに存在する。そのような権利は一般に「実定的」ないし「制度的」権利と呼ばれる。例えば、イギリスのシティズンシップは、市民とは誰のことで市民にはどのような権利が与えられているかを定める、数多くの政策に関連したさまざまな権利によって定義される。それは例えば、帰化のプロセスを統制する「二〇〇二年国籍・移民・難民法」、投票の仕組みを扱う「二〇〇〇年国民代表法」、そして失業、疾病、妊娠への手当て、年金などを扱う社会保障諸法である。これらをはじめとする法律はすべて、投票から福祉まで、イギリス市民であるという地位から生じる権利をひとつずつ説明するものとなっている。しかしながら、これらの権利の詳細は国ごとに異なると同時に、一国内でさえ異なりうる。例えば、イングランド市民の権利は、スコットランド市民の権利と完全に同じではないし、アメリカ市民やフランス市民の権利と比べると違いはより大きくなる。さらに、市民の権利は必ず正義に適っていたり公平であったりするわけではない——多くの人びとに市民未満の存在となることを強制したナチスの法律でさえ、ドイツ市民に対していくらかの権利を付与していたのである。

したがって、一般に権利がシティズンシップの基盤として言及されるとき、そこでは〔上述の同一性とは〕いくぶん異なることが意図されている。その意図とは、人びとの道徳的権利ないし人権とされるところのものから生じる、実定的ないし制度的権利を市民がもつべきだ、ということである。実際のところ、ほぼすべての国が、この種の権利の少なくとも一部分を、一般の法制より上位とみなされる憲法典に不可侵のものとして書き込んでおり、それによって市民は、少なくとも管轄の憲法裁判所の理解と保護が及ぶ範囲で、既存の実定的権利が個人の人権ないし道徳的権利に見合ったものになり損ねていることを批判することができる。こうした見解によれば、権利はシティズンシップに基盤を与えている。そしてシティズンシップに関する政策は、以前よりもいっそう十全な仕方で、断続的ながらも着実に権利を実現していくことによって動かされている。さらに重要な点として、権利は、国民《ナショナル》を単位とする政治共同体への成員資格《メンバーシップ》〔に基づく考え方〕に替わる、シティズンシップについてのより正義に適った考え方として提示されている。アメリカはしばしば、そのような権利に基づくナショナル・アイデンティティの模範とみなされている。大規模な移民社会として、憲法への忠誠はしばしば、アメリカ市民であるとはどういうことかを定義づけるものとして描かれてきた。だが、憲法に訴えることとは、一九六〇年代の公民権運動において、アフリカ系アメリカ人をより公正な仕方で包摂するべくアメリカのシティズンシップの条件の進歩的な拡張がなされたように、シティズンシップの条件を重要な仕方で改めるためのメカニズムにもなってきた。

広く支持されており一見魅力的でもあるものの、〔シティズンシップに関する〕そのような見解には二つの困難がある。これらは相互に関連しており、いずれも、シティズンシップと権利の間に潜在的な緊張があることを示している。第一に、もし権利が普遍的で、すべての人間に適用されるものであるとすると、特定の政治共同体の市民であることと権利を擁護することの間には対立がありうる。正義はすべての人間を平等な配慮と尊重をもって扱うことを私たちに要請する、というのは妥当性のありそうな主張であるが、それが正しいとすると、その立場は、非市民より大きな関心をもって同じ社会の市民を扱うことと衝突しかねない。コスモポリタンなシティズンシップまたはグローバルなシティズンシップ〔の構想〕はひとつの解決策となるかもしれないが、のちに見るように、その立場にはそれ固有の実践的および規範的な問題もある。第二に、人権の理念に対する合意は拡大しつつあり、それはシティズンシップの理念の核心にある自由と平等へのコミットメントとも通じるものであるものの、どの権利〔の組み合わせ〕がそれらの価値をもっともよく実現するか、またそれらの権利の政策的な含意については、意見が割れる余地が極めて大きい。第1章で述べたように、民主的なシティズンシップは、シティズンシップが自らの基盤を提供するという逆説的な仕方で、そのような不合意を克服するひとつの方法を提供してきた。その基盤とは、諸権利をもつ権利である。だが、もし多数派が少数派を犠牲にして自らの利益を促進しようとするならば、デモクラシーは権利と衝突しかねない。その時、諸権利をもつための権利は、諸権利を促進ではなく抑圧する権利になりかわる。本章の残りの部分では、順にこれらの問題を検討する。

人権とコスモポリタンなシティズンシップ

人権は、私たちが他の人間をどのように処遇すべきかに関わる。神に与えられた自然法から人間本性、歴史や理性まで、人権はこれまでさまざまな源泉に帰せられており、それぞれの源泉はさまざまな道徳的価値や原理に結びつけられてきた。こうした理論の多くは現在言及されることは少ないため、それらの評価には立ち入らずに、ここでは次のことを確認しておけば充分である。すなわち、多くの違いにもかかわらず、それらの理論のうち今日真剣に受け止められているものは、すべての人間には一定の配慮と尊重をもって処遇される資格があるという基本的な直観に詳しい説明を与えようとしている。それが帰着するところは、誰も他の人間に対してなすべきでないようなことがいくつか存在し、そして私たちは品位ある生を送るのに必要な基本的条件をすべての人に保障するよう努めるべきだ、ということである。したがって権利は一方では、他の人びとに対して私たちがしてもよいことを制限することを目指す。そのような権利には、危害や拷問または適正手続きを経ない逮捕や処罰を禁じる基本的な公民権が含まれる。他方で、権利は単なる自制ではなく支援提供の必要を指し示してもいる。最低限の基準を満たす健康、教育および生活への社会的および経済的権利は、しばしばそのようなものとして理解されている。

第一のタイプの権利は普遍化可能であるが第二のタイプは同じようには普遍化されえない、という議論がなされることがある。〔その議論によれば〕レイプされない権利や殺されない権利などについては、各人が単にそうした行為を控えることによって、世界中すべての人の権利を尊重することができる。だが、必要を抱えるすべての人に援助を提供しようとすれば世界一の富豪の資金でも到底まかなえない一方で、ある人びとには援助を与え他の人びとには与えないというのは恣意的であるように思われる。この立場の論者は一般的に次のことを認める。すなわち、行為者が全くないし少しだけしかリスクを被らずに援助しうる場合には、困窮状態にある人たちを援助する人道的義務がある。例えば、裕福な国が自然災害の被害者への救援の提供を怠ることは、水泳の得意な人がプールで溺れる子どもを救助しに行くのを怠るのと同等に罪深いことだというのは、多くの人が認めるところである。しかしながら、この種の権利がより十全に適用されるのは、ある人が特定の他者を助ける特別の責任を有する場合のみであると、この立場の論者は主張する。例えばそれは、私の子どものように私が保護義務を負う人や、私が意識的にせよ無意識的にせよなんらかの危害を加えてしまったかもしれない人、または同じ社会に生きる市民のように、そのような権利を提供するための関係に私が明らかに参与している人である。この観点からすると、人権を認めることと、より十全な一連のシティズンシップの権利を同じ政治共同体の成員に対して認めることとの間には、何らの緊張も存在する必然性はない。他国の市民を抑圧せず、グローバルな危機に対するなんらかの援助の予算を用意している限り、その国は責務を果たしたことになる。

しかしながら、問題はそのように明断には切り分けられないと多くの人が主張している。まず第一に、世界の発展途上地域で広く見られる貧困や健康問題は、洪水、干魃《かんばつ》や地震といった単なる不運から生じているのではない。それらの問題はまた、富裕国が行う、商業活動における貧しい人びとの構造的搾取と抑圧的体制への直接または間接の支援の帰結でもある。生産と交易のグローバル化が意味するのは、先進世界のほとんどの市民が不可避的に、この搾取の部分的共犯者ないし受益者となっていることである。したがって、世界の貧しい人や被抑圧者を助ける責任は、人道的援助の義務〔の範囲〕を超えて存在する。また、身体的な強制を受けない権利でさえ、それを守るには単に加害者にならないだけでは不充分である。残念ながら、機会さえあれば他者の不利な立場につけ入ろうとする人がつねにいるのだ。社会的および経済的権利が病院、学校、社会保障制度などを必要とするのと全く同様に、公民権もまた法制度、警察、刑務所などを必要とし、しかもこれらは同じように費用を要しうる。そして、複数の国の制度はますます相互作用の度合いを深めており、犯罪を含む経済的および社会的活動の多くは国境を超えたものなので、私たちは〔公民権と社会的および経済的権利という〕二つの権利群を擁護するための国際的な取り決めと組織を必要としている。

この状況へのひとつの自然な応答として、ある種のコスモポリタニズムが提案されてきた。コスモポリタニズムは古代世界まで遡り、とくにローマ時代のストア派に関連づけられる教義であるが、コスモポリタンとは字義通りには「世界市民」すなわちコスモポリテス(kosmopolites)のことである。この語がギリシア語由来であることは、世界市民権《シティズンシップ》が世界政治体すなわちコスモポリス(kosmopolis)を含意することを示唆している。とはいえ、世界政治体のような体制には極めて明らかな問題があるため、コスモポリタニズムの現代の擁護者のなかには少なくとも明示的にそのような提案をする人はまずいない。コスモポリタニズムの擁護者たちは多くの場合、ギリシア的な「政治的シティズンシップ」の構想よりもローマ帝国的な「法的シティズンシップ」の観念に、コスモポリタニズムの理念を結びつけてきた。しかしながら、世界レベルでの「法的シティズンシップ」も〔世界政治体の構想と〕同じくらい難易度の高い問題に直面しうる。これらを順に検討しよう。

異なる種類のコスモポリタンな政治体のためにさまざまな仕組みが提案されてきたが、世界規模での政治的シティズンシップのための舞台を提供しうるグローバルなデモクラシーの、実質をともなう仕組みをつくりあげることは、相当な困難をともなう。規模は重要であり、デモクラシーが作動する範囲が大きくなればなるほど、市民の影響力は低下し、無力感が拡がりやすくなる。規模の大きい民主主義国では、すでに多くの市民がそのような無力感を口にしてきた。世界民主政ともなれば、代表者は数千ではなく数百万規模の投票者に対して責任を負わねばならなくなるだろう。第5章で見るように、複数の投票者集団が自分たちの選好を、相互に完全に排他的ではないような、いくつかのある程度一貫性のあるイデオロギー的綱領へと収斂させうるなら、この問題はいくらか克服されうる。そしてその収斂を可能にするのは有権者のあいだの充分な共通性である。上述の条件は、市民が投票先となりうる政党のいずれかによって適切に代表されていると感じ、仮に野党を支持する場合であっても完全に排除されてはいないと感じることを可能にする。しかしながら、深い分断――とりわけ民族《エスニシティ》や文化に関わるもの――があるところでは、選挙における少数派が疎外されていると感じ、さらには抑圧される可能性もずっと高くなる。その結果、こうした少数派は、中央政府の統制からの最大限の自律を求めるようになっていくのである。

これらの分断を生じさせやすいタイプの多様性は、ほとんどの既存の国家の内部で、すでにますます問題化してきており、この問題は世界全体でより深刻なものとなりそうである。〔一国内の事例として、〕例えばカナダやベルギーにおいて特定の文化集団が分離主義的傾向を強めていることを見てほしい。これらの確かな基盤をもった民主主義国においてさえ、〔カナダの〕フランス語圏と〔ベルギーの〕フラマン語圏それぞれにおいて、かなりの数の市民がそれぞれの国からの分離独立を求める政党を支持してきた。文化や宗教は政治に関わりをもたない純粋に個人的な事柄であるべきでまたそうなるだろうという伝統的なリベラルの見解に反して、文化や宗教は多くの政治制度が効果的に運用されるうえでの強固な中心であり続けてきた。すべての人にデザイナー・ジーンズ、カプチーノ、コーラ、そしてマクドナルドへの嗜好をもたせ、複数の文化をある程度まで均質化することにより、グローバル化がこの困難を克服していくだろう、と分析する人もいる。とはいえ、グローバル化の過程は玉石混交の製品を拡散させ、以前と比べて圧倒的に多くの人びとにコスモポリタンな嗜好をもたらしたものの、大量消費主義が文化的多様性にとって代わる将来像を完全に魅力的――あるいは実現しそう――なものとみなす人は少ないだろう。実際には、異なる文化の発展を可能にすることこそが、異なる国が別々に存在する仕組みの魅力の一部となっている。また同時に、選択肢となりうる自国以外の体制の存在は、とりわけ専制国家に対してその行いを改善するよう圧力を与えもする――何よりもまずそれらの体制は〔専制国家に対する〕反対者などの避難先となりうるからである。現代のコスモポリタン思想に広範な影響を与えている一八世紀ドイツの哲学者イマヌエル・カントが認めたように、世界国家はそうした選択肢を排除してしまうため、「世界規模の専制」★に陥る危険を抱えている。

結果として、カントと同様にほとんどのコスモポリタンは、国際法――とりわけ国際連合の世界人権宣言（一九四八年）や欧州人権条約（一九五〇年）などの権利憲章――に体現される普遍的正義の原理に従うという一連の国際的合意によって諸国家が自らを縛る、というシステムを支持している。カントの枠組みにおいては、個々の国家が政治的権威の主たる源泉であり続ける。これに反して、カントを継ぐ多くのコスモポリタンたちは、人権に由来するグローバルな道徳的責務によって国家の主権はその基盤を掘り崩されてきていると論じてきた。〔これらの論者によれば〕国境および国境に対する私たちのこだわりは道徳的に恣意的であり、公民権ないし社会権の擁護に必要な資源の分配においては同国民に優先性が与えられるべきではない。政治的権威をローカルな単位に分割することは便利かもしれないが、そうした分割は国際法の権威に従属し、かつコスモポリタニズムの目的を推進するために用いられるのでなければならないとされる。

この説明に従うと、コスモポリタニズムは、第2章で見たローマ帝国的な法的シティズンシップの見解の、より正義に適った変種のようなものにむしろなる。しかしながら、それは第2章の議論に関して指摘したのと同様の多くの問題に――とりわけ政治的シティズンシップの同じような格下げの局面において——直面する。第一に、私たちは、人生において何が大切か、また社会がどのように機能するかについての文化、道徳、イデオロギーなどに関わる信念のプリズムを通じて、権利を理解しがちである。抽象的な次元での基本的権利については、完全とは言わないまでもかなりの程度の合意があるかもしれないが、それらの権利の実際的な含意については、合意の範囲はずっと狭い。例えば、社会現象における因果関係や道徳的責任についての見解の相違から、ある権利がどのようなときにまた誰によって侵害されたかに関する、さまざまに異なり相互に衝突さえする見解が生じるだろう。例えば、そのような違いは特定の社会問題に関する自由市場の功罪についての議論に影響を与えるだろう。それによって、貧しい人は低賃金契約にどこまで「自由に」同意しているのか、また、起業家は自社の利益に〔のみ〕責任を有するのか、あるいは仕入れ先や労働者や顧客の福祉に対して〔も〕責任を有するのか、といったことについての判断は変わってくる。それでもなお、この論争に携わる人全員が、干渉を受けない権利の重要性〔という抽象的な事柄〕については合意するかもしれない。同じように、ある信仰をもつ人ともたない人は、宗教的信条にかかわる実践がどのような権利の対象となるかについて見解を異にするだろ

★ Universal despotism. 著者は出典を明記していないが、カント『永遠の平和のために』の英訳版からの引用と思われる。例えばこの語は以下に登場する：Immanuel Kant, 'Toward Perpetual Peace', in H. Reiss (ed.), *Kant: Political Writings*, 2nd ed. (Cambridge University Press, 1991). ただし、原著〔ドイツ語〕には Universaldespotismus の語はない。

う。だが、信仰のある人もない人もともに、表現および思想の自由に対する権利の重要性を信じており、単にその権利が特定の事例に当てはまるかどうかをめぐって対立しているのかもしれない。一国家と比較した地球全体の規模と多様性を踏まえると、これらの類の経験的および規範的不合意は、なんらかのコスモポリタンな体制のもとでは、国レベルのそれに比べてずっと大きなものとなりそうである。

第二に、コスモポリタンなシティズンシップの純粋に法的な体制のもとでは、こうした不合意は、ある人への権利侵害の有無の判定に際して、国際裁判所が大きな論争を呼ぶような規範的・経験的判断を下さねばならなくなることを含意する。もちろん、国内の裁判所もしばしば同様に論争を呼ぶ決定をしなければならない。だが国内の裁判所は、その国《ナショナル》の政治文化の発展――そこには、政治家、メディア、一般公衆が長年にわたって司法に対して課してきた多くの公式および非公式の圧力が含まれる――を通じて形成されてきた巨大な国内判例法の体系に照らして、決定を行う。実際のところ、研究によれば、一見極めて論争的な判決でさえ、その国における継続的な多数派の世論の長期の傾向とよく一致している。〔一国内の状況に比して〕世界の世論を読み取ることや世界の世論が影響力を発揮するということは、世界政府設立の困難に関してすでに述べた理由ゆえに、ずっと難しい。さらに、より広い多様性は、さまざまな少数派の見解に対する多数派の専制の危険を増大させる。国際的人権憲章はしばしば――それが真っ当な批判かはさておき――代表性を欠く圧力団体が現実を度外視して希望を書き連ねたものとして冷笑されてきた。そのような批判を克服し、権利を効果的にするために必要な資源を調達するには、権利は、広い政治的支持を獲得しえなければならない。結局のところ、法的決定が遵守されるためには、人びとがそれらを自らの法であると認めることができなければならない。デモクラシーは、意見対立を友好的に収め、市民がなんらかの意味で自分たちのものであるとみなしうる法律をつくるべく実践的な妥協に到達するための、標準的なメカニズムを提供する。残念なことに、そのような仕組みが機能するための前提条件は、すでに見たようにグローバルなレベルではどうしても揃いえないのだ。

図10　国際司法裁判所の法廷．©AFP/Getty Images

私たちは難題に直面しているようだ。正義は、なんらかのコスモポリタンな仕組みのもとでシティズンシップを権利に結びつけることを要求しているように見える。しかしながら、権利に基づくシティズンシップの法的形態は論争的になりすぎ、それが機能するのに必要な正統性と支持を調達できなくなる危険を抱えている。その一方で、必要な権威を提供しうる政治的シティズンシップの形態は、世界規模では機能しえないように見える。だとすると、他国の市民あるいは全くの無国籍者の権利を承認するという私たちのコスモポリタンな責務を認めつつ、同時に、国レベルで権利とシティズンシップ、そしてデモクラシーを結びつける方法はあるのだろうか？　私はあると思う。次節ではその可能性を素描するつもりだ。

「諸権利をもつ権利」——国のシティズンシップとグローバルな正義

シティズンシップは、二つの重要な意味で「諸権利をもつ権利」を提供する。第一に、前章で見たように、特定の市民共同体の一員《メンバーシップ》となることは、〔私たちに〕その政治共同体が提供する「実定的」ないし「制度的」諸権利へのアクセスを与える。第二に、第1章と第2章で述べたように、政治的シティズンシップの行使は、権利を請求する手段、そして権利が構想され実践に移される仕方を方向づける手段を提供する。だがここでは、この「権利」自体が特定の諸権利を前提としていないかどうか、またこの「権利」は同じ共同体の市民ではない人の権利を承認することとどこまで両立可能なのか、という問題を検討したい。

成員資格《メンバーシップ》の条件を検討した際に私は、政治的市民としての参加が一定の資質と能力——公共的な課題について学び議論する能力など——を前提としていることを述べた。すべての人にそのような参加の機会を保障することには、市民に思想と言論の自由および情報の自由への権利、ことによるとさらに基本的教育への権利さえもが、その不可欠の要素として含まれている。同様に、投票することさえ、単なる投票権だけでなく、結社の自由や定期的に実施される選挙〔の必要性〕を含意している。民主的シティズンシップの実践は多様な種類の権利を必要とするというこの事実から一般的想定として導かれる主張は、これらの権利がシティズンシップの前提条件でなければならないというものである。そのような前提条件として、これらの権利は国内のそして場合によっては国際的な権利の章典における特別の保護に値し、さらには民主的シティズンシップそのものの運用からさえも保護されなければならない。さらに言えば、この見解の支持者のなかには、およそ考えられうるすべての権利がなんらかの仕方で民主的シティズンシップの権利に結びついているという解釈に行き着く人もいる。しかしながら、政治の影響を受けず法的手続きによって保護された憲法のなかにこれらの権利を確固たるものとして打ち立てることで、この提案は結局、民主的シティズンシップの実際の行使を真っ向から否定してしまうという逆説に直面することになる。

したがって、シティズンシップは一連の政治に先立つ権利を前提としているという議論は部分的に真実であるものの、それはある面では本末転倒でもある。なんといっても、第2章でつぶさに見たように、それらのあらゆる権利が市民的活動の結果として生みだされてきたのである。さらに、政治的圧力の高まりこそが、〔1〕新たな主体を含むように——例えば男性だけでなく女性も包摂するように——権利を徐々に拡張し、〔2〕権利を、狭義の政治的領域だけでなく、職場や家庭そして文化といった新たな領域に適用し、〔3〕政府や他者からの干渉に対抗するだけでなく、それと並んで、教育などの一定の極めて重要な財〔の提供〕を要請するものとして権利が理解されるように、権利の適用範囲を明確化し、そして〔4〕宗教的、文化的、およびその他の差異を包摂するように、権利に関わる立法や裁定のあり方を拡張してきた。このような継続的な政治的過程が、権利を拡張し、深化させ、現代社会の生活の多様性と複雑性を包摂していくことに、決定的

図 11　1963 年 8 月 28 日，「仕事と自由を求めるワシントンへの行進」において，リンカーン記念館の階段から演説「私には夢がある」を行う前のマーティン・ルーサー・キング．アメリカ公民権運動の決定的瞬間．©AP/TopFoto.co.uk

に重要な役割を果たしてきたのである。同時に、これらの過程は、政治的市民であるとはどういうことか――市民とは誰のことで、市民はいかに政治制度のなかで行為し、その決定およびその形態に影響を与えることができるか――を更新してきた。

したがって、シティズンシップを定義づける権利もまた、市民自身の政治的行為を通じてなされる継続的な再定義の過程のもとにあるとみなされなければならない。そのような再定義は例えば、新たな法律を通すよう投票者ないし圧力団体として政治家を説得することを通じて、または裁判所に新たな訴訟をもちこむことによってなされうる。市民はまさにそのような活動を通じて、自らの人生に意味を与える目標や関心を他者と平等な条件のもとで追求する自由をよりよく支えるものとなるよう、社会構造と法体制の改善を目指してきた。そのような市民の実践は、異なる市民が被りうるあらゆる不正な差別や不利を除去すべく、自分たち自身ないし自分たちが従事する事柄のあいだに存在するさまざまな類似性と差異を相互に承認するよう努めることによってなされてきた。例えば女性たちは、そのような政治的行為を通じて、産前産後休業の権利を勝ち取り、ゆっくりとではあるが、少しずつ職場における育児への一定範囲の支援を実現してきた。

政治的およびその他の権利が憲法典に書き込まれている場合でさえ、それらの権利は、時代とともに変化する人びとの社会的ニーズやものの見方を反映した政治的圧力への応答として、しばしば再解釈の過程を経ることになる。しかしながら、イギリスのようにそうした権利が単に通常の法律に書き込まれている国と比べると、〔成文憲法をもつ国における〕変化は一般的により時間を要する。もちろん憲法による保護は、政治家が自分の都合で、またはポピュリスト的な混乱状態や偏見への応答として、権利剝奪をするのを防ぐかもしれないし、権利を求める民衆運動を動機づけるものになるかもしれない。とはいえ、これらの理論的な可能性のいずれについても、そのような効果が実際に生じるかについて明白な証拠があるとはいえない。先述のとおり、裁判所が継続的な国民的多数派意見から乖離することはめったにない。裁判所もまた国の政治制度の一部であり、当然制度全体の長期的動向を反映する傾向がある。そのように前置きをしたうえで、法律による変更への障壁を高めることは現状維持バイアスを作り出し、変化にかかる時間を増大させる。改革を求めるのは非特権層であるから、当然この傾向〔現状維持バイアス〕は非特権層よりも現在特権を享受している人に有利にはたらくことになる。多数決主義は、それがもつ潜在的な平等主義的で共同的な傾向——これについては次章で詳述する——ゆえに、少なくとも〔多数派と少数派の分断が生じにくい〕文化的同一性の高い社会においては、基本的に進歩的な性格をもつことになる。その一方で、現状維持バイアスは後退的な方向に傾きがちであり、富裕層から貧困層への再分配を通常は必要とする社会的および経済的権利に関して、とくにその傾向が強い。例えば歴史的に、現状維持バイアスはアメリカにおける労働法制と医療および福祉制度を、西欧諸国のそれに比べて未発達のものにとどめてきた。

憲法裁判所が少数派集団を守ろうとする場合でさえ、当該権利に対する市民たちの政治的認識が不充分であるために、政府が立法や政策決定にそれらの権利を反映させることができないとすれば、事態はほとんど変わらないだろう。例えば、ブラウン対トピーカ教育委員会裁判(一九五四年、347 US 483)におけるアメリカ合衆国最高裁判所の画期的判決を見てほしい。この裁判は、「分離された教育施設は根本的に不平等である」と宣言することで、アメリカ南部諸州に見られた黒人と白人の施設の隔離を、「分離すれども平等」である限りにおいて許容されうるとみなしたプレッシー対ファーガソン裁判(一八九六年、163 US 537)の判例を覆した。その結果、人種隔離は現在では合衆国憲法修正第一四条の「法の平等な保護」条項に対する違反と認定されている。だが、この判決から一〇年経っても、南部諸州の人種隔離を撤廃した学校に通う黒人の子どもは一・二%を超えなかった。変化は、アフリカ系アメリカ人の公民権運動という政治的行為、そしてアメリカ議会における一九六四年公民権法と一九六五年の投票権法の成立を受けて、ようやく起き始めた。ブラウン裁判はそれらの施策への支持を活性化させたかもしれないが、人種差別に対する広範な抗議はいずれにせよ起こるものだったことは間違いないだろう。その一方で、ブラウン判決は、南部白人政治家の右傾化と改革に対する頑固でときに暴力的な反対を動機づけもした。その肯定的あるいは否定的影響がどのようなものであるにせよ、ともかくもブラウン裁判はほとんどのアフリカ系アメリカ人にとって実質的な状況の変化をもたらすものとはなりえなかった。広範な社会改革の費用を多数者が支払うようになることだけが、アメリカにおける人種間の貧富格差への対応となるだろう。

グローバルなレベルでは、裁判所は民衆の政治的影響力からいっそう隔絶したものになりやすく、そのために、裁判所に容易にアクセスしうる特権層を非特権層よりも優遇する傾向をもつ危険性がいっそう高くなる。もちろん、歩調を合わせた国際的行動が求められる環境や貧困といった領域を中心として、一定の国境を超えた社会・政治運動が見られる。しかしながら、はるかに潤沢な資金を与えられて、強力な商業上の利害を代表するロビイストたちもまた存在する。しかも、運動の訴え先となりうるような世界規模の政治的権威の不在ゆえ、国境を超える運動は、現実に国際的な影響力をもつには、多くの国の国内政治にはたらきかけなければならないだろう。国際連合や欧州連合のような組織でさえ、その運営は主として政府間のものである。それにもかかわらず、〔そして〕確かにこれまで国際的な権利保護体制は支持者の多くをがっかりさせることが多かったが、希望を失うべきではない。シティズンシップと権利を主として国のなかに位置づけられるものとみなすことは、グローバルなレベルでシティズンシップと権利を推進することと必ずしも対立しない。このことは、そのような国際的機構が諸国家によって作られたというまさにその事実によって示されている。実際のところ、自らの政治共同体のなかで諸権利をもつ権利としてのシティズンシップを支持することは、いくつもの点で、他の共同体の市民のために同様の権利を承認し支持することを必然的にともなう。

第一に、国家を市民の「諸権利をもつ権利」の中心的な場として認識することは、諸国家が国

図12　ブリュッセルの欧州理事会の会合. ©Thierry Tronnel/Corbis

家間相互行為の正義に適った条件を確立するよう努めるべきであることを意味する。すなわち、国家は、世界の全個人のあいだではなく国家間のグローバルな正義の条件〔の確立〕を目指すべきである。そのような仕組みのもとでは、代議士が有権者の代表として行為するのと同じような仕方で、政府はそれぞれの国家の代表として行為する。この種の〔国家間の正義を焦点とする〕国際的合意は二つの目的に資する。一方では、それらの合意は、すべての国の市民を利するような共通財の確保を目指す。他方で、それらの合意は、ある国の活動が、他国の活動に対する、その国の市民の権利行使の能力を阻害するような干渉となることを防止しようとする。

多くの合意はこれら要素のどちらにも関わる。それゆえ、〔例えば〕平和という共通財は不可侵条約と集団安全保障の取り決めのもとでの協力とによって促進される。同様に、環境保護の行動は、〔温室効果ガス〕排出削減に関する共同的合意や、枯渇状態にある魚種資源の乱獲などの活動の規制に関する合意をめぐってなされる。これらの種類の合意は、長期の共通利益のために各国が〔自国の〕短期の利益を諦めることを必要とし、そしてまた、いずれかの国が他国の行動にタダ乗りする——

例えば、他国が排出削減をしている一方で自分たちは汚染を続けることで、費用をなんら払うことなく環境から利益を得るというように——のを防ぐべく設計されている。

当然そのような全当事国にとって利益となりうる合意——それらは国際的次元に多く存在する——は、豊かな国が貧しい国に対してもつ有利さを放棄することを通じて豊かな国に長期的損失を与える合意に比べると、取りつけることが比較的容易である。〔比較的困難な合意であっても、〕児童労働などの搾取・抑圧的労働慣行の禁止から債務免除まで、さまざまな課題について、時間はかかっているものの着実に前進が遂げられつつある。より一般的に、豊かな国と貧しい国のあいだの貿易の条件は公平なものであるべきだという認識は高まってきている。例えばそれは、貧しい国に豊かな国の農産物の輸入を義務づけておきながら、豊かな国は自国の農家を保護するということは許されるべきではない、という認識である。こうした〔豊かな国の利益に反してでも国家間の平等を促進する〕方策は、一部のコスモポリタンが支持する富のグローバルな再分配には遠く及ばないものの、それでも一定期間を通して再分配効果をもつ。これまでの章で述べたように、いかなる福祉制度も搾取と差別の禁止を含むが、他者への積極的な支援を提供するものとして福祉制度を深化させるにはさらに、すべての人が他者に対してフェアに振る舞いまた自分の役割を果たしている、という感覚が必要となる。地球全体を対象に作動する包括的な福祉制度のために必要となる、市民間のより深い連帯と相互性の感覚を育むことは、その規模だけからしても困難をともなうものとなる。だが、他者〔の共同体〕を搾取しない責任、およびその人たちが自前の福祉制度を作る試みを妨げない責任は、自国の市民のために自分たちの福祉制度を発達させたいという欲求に含意されるものとして、すべての国にとっての正義の厳格な要請とみなされうる。そのうえ、この仕組みは各国が〔福祉制度として〕提供するものについての多様性を許容する。市民たちは政治文化に合わせて自分たち独自の福祉を設計できる。つまり、異なる要素の優先、資金調達の代替的方法の採用、公的および民間の福祉提供のさまざまな組み合わせの許容、などである。

似たような推論が、国際的次元における、諸権利をもつ権利の第二の側面を支えている。この第二の側面とは、政治共同体には自己決定権が与えられるべきだという要請である。これは、すべてのネーション、文化、民族《エスニシティ》に基づく集団が自らの国家をもつべきだということを必ずしも意味しない。先に見たように、そのような集団の数はまともに存続しうる国の数を圧倒的に上回っている。だがそれ〔自己決定権の要請〕は、自己統治への要求が表明されたときには、既存のユニットの存続能力を低下させるのでない限り、権限移譲ないし権限分担の仕組みの創出のための努力がなされるべきであることを示唆している。そのような要求を抑圧しようとし、体制崩壊と同時にそれが表に出るとしたら、それはその体制が独裁的であることを示している。例えばこれは、一九八九年〔の冷戦終結〕のあとの中東欧の旧共産ブロック、そしてサダム・フセイン後のイラクにあてはまる。また同じような論理により、移民に対して差別的な成員資格《メンバーシップ》の基準が適用されるべきではない、という含意が導かれる。成員資格《メンバーシップ》の基準というのはもちろん、これから市民となる人が、典型的には穏当な居住要件によって、自分の選んだ国に対する一定のコミットメントを示し、その新たな国において十全な成員として活動できるようにするためのものである。だが、その基準をほとんどの既存の市民が達成しうるよりも高く設定すること――例えば主要言語に関して、高等教育を受けた人だけが達成できるような水準の読み書き能力を要求することによって――は強い不公平感を惹起する。

最後に、国家とその市民は、市民の人道的権利を擁護するグローバルな責務をもつ。先述の危機状況における援助提供義務に加えて、その責務は市民を抑圧する体制の存続を助けないことをも含んでいる。この責務は、ジェノサイドや市民の大量殺戮を防ぐために他国の内政に人道的な介入を行うことを潜在的には支持しうる。しかしながら、そのような行為はつねに個別に吟味されねばならない。これまでの経験は、そのような介入がしばしば裏目にでて状況をいっそう悪化させかねないことを示している。大抵の場合、ある体制が抑圧的に行為する能力をそぐだけの、より穏当な方策の方が、理想からは程遠いもののよりましな対応策となる。また、難民申請者が出身国への安全な帰国を見込めない場合や受け入れ国において確立された生活をもつようになっている場合に、諸権利をもつ権利というプリズムを通して人道的権利を擁護することは、そうした難民申請者を受け入れまた市民として帰化することを認める明確な責務を、国家に対して提示することができる。

本章の議論を要約しよう。シティズンシップへの権利は一定の権利を確かに含意するが、それらの権利は、シティズンシップの法的構想が主張するように、シティズンシップ概念のすべてとなる必要はない。むしろ、私たちが権利をつくりだすのは、より十全な政治的意味での市民となることを通じてである。実践的には、政治的シティズンシップの行使は国レベルでもっともよく追求されうるが、このことはグローバルないしコスモポリタンなシティズンシップの観念を否定しない。そうではなく、グローバルないしコスモポリタンなシティズンシップの観念は、自己統治的な政治共同体におけるシティズンシップ行使の可能性をすべての人に対して確保する責務を、国家とその市民に課すのである。一方ではこの義務には、搾取ないし支配によって、いまある国ないし政治機構における市民の自己統治能力を損なわないことが含まれる。他方でそれは、非差別的な条件での成員資格《メンバーシップ》を得る機会が非市民に認められることを要請する。

5 参加とデモクラシー

第2章で私たちは、古代ギリシア人たちにとって政治参加がいかにシティズンシップの本質的な部分をなしているかを見た。シティズンシップの地位が約束する市民的平等を享受するには、すべての市民が政治過程のなかで自らの役割を果たさなければならない。さもなくば、市民は、交代で統治し統治されるのではなく、単に統治されるだけになるだろう。実際のところ、「愚か者」(idiot)という英語は、公共的領域を顧みることなく私的事柄に全面的に集中する人を形容するのに用いられるギリシア語、イディオテス(idiotes)に由来する。だが近年では、私たちのほとんどがしばしばこの意味での愚か者になっている。

確かな基盤をもった民主主義国のすべてにおいて、投票率と政治家への信頼はゆっくりとだが低下が続いており、民主政治への失望はかつてないほどに明白となっている。政治的シティズンシップは要求度が高すぎるとともに価値の疑わしいものとして拒否されている。人びとはますます、私が法的シティズンシップのローマ帝国的見解と名付けたものを採用するようになっている。

人びとは、裁判所およびその他の不偏的とされる専門家からなる規制機関が人びとの活動に公平な枠組みを提供することに信頼をおき、その一方で、よくて非効率、悪くすると有害なものとして政治を拒否している。私はすでに本書のさまざまな箇所で、こうした類の議論を支える想定のいくつかに疑問を呈してきた。本章は、シティズンシップと民主政治との結合を支持する議論を、より体系的に提示することを目指す。とりわけ私は、アメリカ、イギリス、スウェーデン、ドイツ、ニュージーランド、オーストラリア、カナダといった確かな基盤をもった民主主義国において実践されている民主政治は、それが通例晒されているようなシニシズムや批判には一切値しないと論じたい。

第2章で私たちは、これまで吟味してきた多くの政治的用語と同じく、「デモクラシー」という語はギリシア語に起源をもち、文字通りには「人びと」(demos)の「統治」(kratos)を意味することを確認した。また第3章では、「人びと」とは誰のことかをめぐって多くの問いが生じることを確認した。それらの問いへの応答は、女性や奴隷をはじめとするさまざまな人が排除されていた古代ギリシアの場合のように、〔「人びと」の〕範囲を非常に狭くとる応答から、全人類を包含するコスモポリタニズムの理論のように、その範囲を非常に広くとる応答まで、多様でありうる。「人びと」をどのように定義するにせよ、人びとが「統治する」と言うときの「統治」の性質や意味についてもほぼ同じことが当てはまる。「統治」が何にかかわるかという理解にもまた幅がある。もっとも広い説明によれば、民主的統治は、あらゆる共同の決定を関係者全員によるコンセンサスによって行うことにかかわる。もっとも狭い説明によれば、民主的統治は、統治者が

――人びとのなかから、または人びとによって選ばれているかにかかわらず――ただすべての人びとの利益のために統治するべきであるということを意味する。啓蒙専制君主の世襲家系は、その統治が善意に基づき利益をもたらすものである限り、この意味では「民主的」であるだろう。今日実際に存在している民主的システムは、これら二つの立場のあいだに位置する。この仕組みにおいて民主的統治は、統治者がある程度まで被治者により選ばれ、被治者に応答責任を負い、被治者により解任されうるということを意味する。

いわゆる「現実の」ないし「実際の」デモクラシーに対する批判の多くは、広い説明または狭い説明が提示するところの「理想的な」デモクラシーがもつ想像上の優位性との対比から生じている。広い説明においてはすべての人が法の作成と運用にかかわっており、狭い説明が思い描く善意ある専門統治者階級は、偏見や私的利害関心から自由で、自分たち自身ではなく人びとのために統治する能力と意欲をもっている。〔以下〕ひとつめの節では、これら両方の代替案についていくつかの問題を指摘する。〔その結果〕代替案のいずれもが、シティズンシップの中心にある平等者からなる政治共同体の観念を捉え損ねていることが判明する。続いて私は、この観念とより調和的なデモクラシーの代替的説明を提示し、二つめの節では、現代における民主主義の実践がそれを実現するのにどこまで寄与しているかを探求する。最後の節では、現代社会における政治的シティズンシップの見通しについてのいくらかの省察をもって、本章および本書全体を結論づける。

デモクラシーとは何か、そしてなぜそれはシティズンシップにとって重要なのか？

本節では、すべての市民が法の作成に参加するところの「直接」ないし「参加」デモクラシー、そして参加の要素をもたない〔民主的〕守護者制について検討する。両者の問題を指摘することを通じて、今日民主主義が機能している国のほとんどが採用する代表制デモクラシーの現実の仕組みの利点を強調したい。

参加デモクラシー

一八世紀フランスで活躍した哲学者であり、古代型の参加型シティズンシップの最後の偉大な擁護者であるジャン＝ジャック・ルソーは、よく知られているように次のように宣言した。すなわち、「イングランドの人びと」は「議員を選挙するあいだのみ自由であるにすぎない。議員が選ばれるやいなや奴隷制が自由にとって替わり、自由はなくなる」★。近年の民主政治の批判者の多くはいっそう主張を強め、代議士を選んでいるときでさえ人びとは統治をしていない――せいぜいのところ、人びとは事前に少数に絞られたリストのなかから自分たちの統治者を選ぶために票を投じているにすぎず、そこに実質的な選択肢はほとんどない――という苦言を呈することが多い。民主的選挙をこのように特徴づけることの適切さについては追って検討しよう。だが、この苦言が暗に想定している代替案はどのようなものだろうか？

ラディカルなデモクラシーを支持する立場は、もっとも極端な形においては、アナーキズムとほぼ同義となる。この見解によれば、人びとが自分たちを民主的に統治することができるのは、人びとがすべての決定を行い、すべての選択肢を考量することができ、全員一致の結論に至る場合に限られる。さもなくば、いかなる投票においても、少数派は自らを統治するのではなく多数派によって統治されることになるだろう。だが、そのような結果を実際に達成することがいかに困難かは、少し考えればわかることだ。ある選挙の主たる争点が、相続税、病院への〔公的〕支出、国際条約の条件、外国における軍事作戦への関与、の四点あると想像して欲しい。次に、第一の争点については三つ、第二の争点については五つ、第三の争点については四つ、そして第四の争点については二つの、ありうる政策が論じられていると仮定しよう。3×5×4×2＝120であるから、ある市民がこれらの争点についてとりうる見解は一二〇通りあることになる。これら全てについて投票するとすればかなり時間がかかる。加えて、全員一致を求めることは、――とりうる見解すべての利点についての、公共精神に裏打ちされた長い話し合いの後であってさえ――他のことをする時間的余裕がなくなるほどに、各市民に求められる献身の度合いを高める。それだけでなく、それぞれの政策の選択肢の背後にある道徳的立場や経験的想定が、いずれもある程度妥当でありうるのと同時に、互いに異なりときに両立不可能ともなりうる傾向があることを踏まえるなら、全員一致はまずありえないだろう。先ほどの例はかなり単純化したものであり、発展し

★ジャン＝ジャック・ルソー『社会契約論』桑原武夫・前川貞次郎訳、岩波文庫、一九五四年、一三三頁。

た社会において一般に政府の決定を必要とする問題、およびそれらに関する政策の選択肢の数と複雑さは、この比ではない。だとすると、直接参加型政府〔の実現〕の見込みは控えめに言ってごくわずかである。もし全員一致条件をはずすとしても、すべての問題ひとつずつについての議論と決定に全員を関与させることは、あまりに時間がかかり非効率にすぎるだろう。それは、政府をほとんど停止させてしまうほどに、決定の取引費用を高めることになる。

図13　フランスにおける欧州憲法に関する住民投票のための運動ポスター，2005年5月29日．©Pascal Rossignol/Reuters/Corbis

直接参加的な方法を、〔第一に〕憲法修正のような絶対的に重要な問題、そして〔第二に〕私たちにもっとも身近に影響を与える問題――とくに極めてローカルな問題や職場における問題――にだけ限定して用いる、という提案がなされることがある。これらの提案が、実践的観点からして比較的妥当なものであることは確かだ。しかしながら、それぞれの提案は、より直接的なデモクラシーを支持する議論の微妙に異なる系列と結びついており、第二の提案を支える理由は第一の提案を支える理由よりも説得的である。憲法上の問題について住民投票を行う理由はしばしば次のことであると言われる。すなわち、人びとがすべての政策的問題について共同で決定することは実践性を欠き、おそらくは不要でもあるものの、人びとが自分たちを統治していると言えるのは、人びとが統治されるところの「規則」が直接的かつ共同で決められている限りにおいてのみだ、ということである。

だが、憲法に関する住民投票がこれらの期待に充分見合うものとなるには、次の二つの要素が必要である。ひとつは、すべてのありうる選択肢について投票する機会である。これなしでは、投票者はせいぜい他者が提示する提案を拒否するという否定的な発言権をもつにすぎない。もうひとつは、住民投票が定期的に繰り返し行われることであり、これなしでは、過去の投票者――アメリカ合衆国憲法の例を考えればわかるように、その大半ないし全員がすでに死去している――が現在の投票者を事実上拘束することになるだろう。これらの条件は、憲法の修正が可能である限り不要となると言われるかもしれない。しかしながら、もし修正の可決に全員一致あるいは――より一般的に見られるように――特別多数(つまり五〇%超であり、憲法修正の標準的な条件となるのは投票者の三分の二)が必要であるとすると、「現状維持」バイアスが確立されることになる。物事をそのままにしておくことに比べて変革には圧倒的に多く(の票)が必要とされるため、すでに存在しているものには事実上追加の票が与えられているのである。もし、すでに存在しているものはいかなる改革の提案よりも優れている可能性が高いと想定できるならば、それ(現状維持バイアス)は適切に思われるかもしれない。だがこの想定が妥当と考える真っ当な理由はない。それどころか、憲法が制定される際に、全市民が完全に公平かつ公正な状況におかれているという、いまだかつて実現されたことのない条件が満たされていない限り、(なんらかの規則を］憲法の条項として書き込むことが、単に特権者を非特権者に対していっそう有利にすることになるという真の危険がある。加えて、特定の条項がもつ本来の意図を逸脱する効果や社会のありうる変化について予想するのは非常に困難である。たとえば、合衆国憲法の条項の多くは、今日職業軍人からなる軍隊に担われている役割を私兵が提供し、ニュースが馬より速くは伝わらなかった、一八世紀アメリカに特有の想定を明らかに反映している。だが、多数派がそうした条項の修正を望むことが大いにありうるとしても、現在の条項から利益を得る人たちが改革に抵抗しうるため、こうした改革は困難を極めることが明らかとなっている。

これらの批判の多くは、将来を見通していたかのように、トマス・ジェファソンが、合衆国憲法起草と唱導の主たる担い手のひとりジェイムズ・マディソン宛ての手紙のなかで提起していた。マディソンも理解するに至ったように、これらの批判は、デモクラシーを共同的自己統治の仕組みとみなすことの、実践的問題だけでなく論理的および規範的問題を示している。共通の解決策を必要とする共同の問題を抱えているという認識をもつ人びとでも、自分たちを共同体とみなす程度はつねに限定的なままだろう。一定の価値や関心事を共有しているとしても、ある政策の望ましさや公共の利益への寄与度に関して、人びとは相異なる経験的および道徳的評価を下すかもしれない。また、人びとの利益や重大な関心事は、等しく理に適っていながら互いに両立不可能かもしれない。結果として、いかなる共同の政策も一定のギブアンドテイクを人びとに要求するし、そのなかで、ほぼ間違いなく一部の人たちは他の人たちよりも大きな妥協をすることになる。それゆえ、なんらかの共同の決定にかかわるほぼすべての人が、ある程度は他者によって統治されることになるだろう。そのようなわけで、〔例えば〕地球温暖化の脅威に対処する共同の政策が必要であることについて、ある国の有権者の間で合意が成立するかもしれない。だが、その有権者たちはさまざまな理由――イデオロギー的立場の違いから、利害関心の相違、科学的根拠の異なる評価まで――から、具体的に何がなされるべきかについては異なる意見をもちうる。ほとんどの人にとって、政府が採用しそうな一連の施策は、賛成するものとしないものとを含んでいる。そのため、〔例えば〕ジョンは風力などの代替エネルギー源の活用促進について賛成し燃料税の引き上げに反対するが、ポールの立場はその逆かもしれない。ジョンとポールはいずれも〔両政策を実施する〕政府を支持するかもしれないが、ひとつめの施策についてはポールが統治される側に回り、二つめの施策についてはジョンが統治される側に回ることになる。

したがって、デモクラシーを人びとが自らを統治する人民主権の仕組みとして扱うことは、誤解を招くものであることがわかる。さらに、このデモクラシー観は、政治的平等者のあいだの公正な意思決定プロセスとしてのデモクラシーの真の役割から注意をそらし、それを掘り崩すことさえしかねない。デモクラシーを公正な意思決定プロセスと理解するこの観点から見ると、デモクラシーの中心的目的は、市民的平等の条件の確立という、本書が与えるシティズンシップの基底的な理由づけと齟齬なく直接に接続されうる。第1章で述べたように、シティズンシップはさまざまな社会的関係と――アナーキズムとは対照的に――それを統制する国家の必要性の両方を前提としている。私たちの個人としての自由は、他者の自由によって制限されうるとともに、他者の積極的な協力を必要とする。このことは、私たちのあいだの潜在的衝突を調停し、価値ある公共財〔の創出〕を後押しする共同の規則と政策の必要を生む。そしてまさにそれゆえに、シティズンシップの重要性が生じるのである。シティズンシップが意図するのは、関係するすべての人が、そうした規則と政策によって、平等な配慮と尊重に値するものとして扱われるよう保証することである。デモクラシーを自己統治の仕組みとみなすことは、人びとが共有する〔利害の潜在的衝突の調停と共通目的の追求のための調整をする〕そのような仕組みの必要性そのものを否定する。なぜなら、自己統治の仕組みとしてのデモクラシー観は、私たち全員が自分たちの望むものを手にしうる術があってしかるべきだ——先ほどの例で言えば、ジョンとポールが少しでも妥協することは「非民主的」になるだろう——ということを示唆するからである。いっそう悪いことに、このデモクラシー観は、個人が既存の特権保全のために変革に抗うのをよしとすることで、公平な解決策の探求を台無しにしかねない。対照的に、デモクラシーのよりシティズンシップ中心的見解は、デモクラシーを、私たちが——それが交代で統治し統治されることに必然的にかかわることを受け入れつつ——意見の対立に決着をつけ、平等な条件のもと共通の目的を追求するための公正なプロセスとみなす。

民主政治のより直接的で参加的な形態が妥当に用いられうる状況として先ほど挙げた二つめの提案、すなわち、町内会や職場といった比較的小さな集団において極めてローカルな決定を行う場合に移ろう。実のところ、そのような場で直接的で参加的なデモクラシーの形態を用いることの最大の根拠は、それが政治的平等と結びついていることである。集団の規模の小ささゆえに、すべての人に発言権および他者の話を聞き応答する機会があり、そのため、あらゆる人が互いに他者の議論や関心事を反映して自らの立場を修正する、ということが起こりやすくなる。さらに、そのような小集団の成員は通例、近くに住んでいたり一緒に働いていたりするため、いくつかのかなり具体的な目的や課題を共有しており、自分たちを共同体として認識しやすい。結果として、成員が意見を異にしうる問題領域や原理、そして考慮する必要のある選択肢の幅は、より大きく均質性の低い共同体に比べて、ずっと限定されるだろう。そうであっても、先ほど見たように、コンセンサス〔の要請〕が、偏見や特権に基づいて正統な変革を妨げるための単なる手段になりかねないことを踏まえると、コンセンサスは可能でもなく望ましくもないかもしれない。そこで、多数決による決定が必要となりうる。だが――すべての人が、意見を聴かれる機会をもち、他のすべての人と同じ条件で投票できたのであるから――その結果として誰も過度に排除されていると感じる必要はない。

したがって、すべての観点が十全かつ平等に表明されることを可能にし、市民たちが他者の意見と選好を〔自分の推論の一部として〕取り込むことを可能にするゆえに、参加と直接デモクラシーは、これらのローカルな状況においては、しばしば政治的平等を支えるだろう。住民投票への直接的関与はこれと対照的である。住民投票は理想的な直接デモクラシーのモデルとしてよくもちあげられるが、注意して欲しいのは、その仕組みは、投票者が他者の観点への平等な尊重を示す仕方で互いに自らの立場を修正する機会を与えないことだ。そして、既述のとおり、もし――多くの場合そうであるように――投票が過半数超を要求するなら、変革を望む人たちは、現状を選好する人たちに比べて平等とは言えない仕方で扱われることになる。このように、住民投票は、参加者が互いを平等者とみなすことを促さない点で、シティズンシップの基準からして不適格である。

守護者制

先ほど挙げたデモクラシーのもうひとつの理想である、善意の専門家による意思決定についてはどうだろうか？　この議論の擁護者は〔以下の理由をもって〕、人びとによる統治はしばしば人びとのための統治を実現し損ねると主張する。なによりもそれは、すべての観点を等しく重みづけることが、結果を公正なもの、ないし公共の利益に資するものにするなんらの保証にもならないからである。むしろその結果は、無知ゆえの偏見や私利的な偏見を反映しやすい。これらの危険は、専門家の客観性、あるいは中立的な「第三者」の不偏性によって匡正《きょうせい》されうる。結果として、統治に自分たち自身で参加はせずに、特別に選ばれた守護者を信任することで、市民の境遇はしばしばよりよいものになるだろう。だがこの構想を支える〔これらの〕主張はいずれも疑わしい。

専門家の客観性に基づく議論はプラトンに端を発する。デモクラシーとは船の運航管理を船長ではなく乗客たちに委ねるようなものである、とプラトンは主張した。プラトンの推論によれば、ちょうど潮流を読み荒海を捌いて岩への衝突を回避することが、訓練された専門家の仕事であるように、統治もそのための能力をもち技能を学んだ人が携わる事柄である。〔この推論の〕難点は、アナロジーがいくつかの点で破綻していることである。第一に、政府が追求すべき目的についてはもちろん、それを実現させるための最善の手段についても、「客観的な」科学は存在しない。これらはいずれも、しばしば論争的で誤りがちな判断によっている。すべての人間にとってあらゆる状況でもっとも適切な行動の方針を確実に定義することは人間の推論能力では不可能だ、ということはいまや明らかになっている。社会という領域の開かれた性質と、人間が不可測で多様な仕方で行為するという事実は、経験的にも論理的にも閉じた媒介変数の集合のなかで共通の基準に沿って推論が行われる〔いわゆるハードサイエンスとしての〕自然科学または数学と比べて、社会科学をずっと「ハード」でないものにしている。それゆえ、船長は航海の技術的側面には対処しうるが、正しく船の行き先を決めるのは乗客たちである。というのも、すべての人にとっての最善の目的地を知る科学など存在しないからだ。最善の目的地は、各人が人生に求めるものを踏まえて、〔共同体としての〕人びと全員がどこにもっとも行きたいか以外のものではありえない。

第二に、専門家は完全に無私かつ利他的であらゆることを知っていると私たちが想定するのでない限り、専門家が自分のではなく他者の利益のために統治をするという保証はない。〔造船の〕専門家は船を設計し組み立てるし、船長は航路の計画を立てるけれども、人びとが望むものにさまざまな仕方で応じその過程で船のデザインや航海術を向上させるよう専門家や船長を導くのは、専門家の善意ではなく、乗客からの支持を得る必要なのである。そのようなインセンティヴなしには、多くの技術の向上が——純粋に人びと「のため」のものについてはとくに——実現される保証はない。もちろん、海運業者やそこに所属する船長たちのあいだの競争は市場で起きるのであり、競争の条件は全員にとって等しいかもしれないが、すべての人が平等な地位をもつわけではなく、裕福な人は貧しい人に比べて有利な立場にいる。だが、船舶の基本的耐航性や船長の資格などといった、貧富を問わずすべての人にとって同じであるはずの論点もある。そうした論点は、民主的投票によって実現される、〔市場における平等よりも〕いっそう実質的な平等という条件下で形成される国家の立法をその起点とする。これらもやはり技術的な問題であり、そうした事柄について立法する際に、政治家は必然的にさまざまな専門家の助言に依拠することになるだろう。だが政府がそうした助言を考慮するのは、――市場競争だけではすべての人にとって平等に保障されにくい、公共的利益にかかわる事柄を反映する基本的な規制の仕組みを船舶業界に課すことで、海難事故などに対応するよう求めて――市民が政府に圧力をかけたからである。同時に、ほとんどの技術的解決策は専門家のあいだでも意見が対立しかねない難しい経験的および道徳的問題を生じさせる。たとえば、航行時間や乗船料などのさまざまなコストと、安全性とのあいだでバランスをとる必要があるだろう。ここでも、関連するリスクのもっとも適切な判定者は、それらのリスクを被りやすく、それを自分の他の関心事や利害関心と比較考量する立場にいる人、すなわち市民だろう。

したがって、専門家による「客観的」統治を擁護するプラトンの議論は、怪しい根拠に依拠している。社会的および政治的な決定が公共の利益に適ったものとなるための私たちがもつ最善の指針は、〔第一に〕決定が政治的平等の条件下において市民が表明する選択とその変遷を反映すること、そして〔第二に〕統治者が自らの行為について市民に対する応答責任をもつことである、という民主的主張を、プラトンの議論は揺るがしていない。専門家の不偏性に関する議論も〔古代〕ギリシアに起源をもつが、微妙に異なる筋道を辿っている。その主張は、市民は自分の関心事に偏ったものの見方をしがちであり、そのため他者の関心事に対して平等な配慮と尊重をなかなか与えられない、というものである。それゆえ私たちは、すべての観点の公正な考慮を保証するために、不偏的な仲裁者を必要とするかもしれない。それは、正しい決定に到達することを保証するものではないが、少なくともその決定は偏見あるいは先入観に基づいてなされるものではなくなる〔というのである〕。

この提案の主要な難点は、そのような不偏的な仲裁者は存在するのかという点である。裁判官はしばしばこのような存在として描かれるし、たとえば、別れようとしているパートナー間の紛争を裁定するときのように、ある状況ではそうなりえもする。しかしながら、すべての市民に影響する共同の決定を行う際には、裁判官も他の人と同様に意見対立の当事者である。もちろん、裁判官が〔判決において〕宣言する推論は法律論によって制約される。だがそのことは、ある事例が提起する道徳的および経験的問題のすべてを十全に考慮する可能性を排除する点で、利点というよりもむしろ〔不偏的推論の〕邪魔になる可能性もある。

加えて、有権者が偏向的である危険は誇張されている。ここで脅威とされているのは多数派の専制である。だが、どんなときに多数派が専制的になっていると言いうるかは、注意深く特定する必要がある。それ〔多数派の専制〕が生じやすいのは、ある決定の対象である権利と利益がそこで決定権を握る多数派自身のものであるときである。この現象のもっともよく知られた例は、ある民族《エスニシティ》集団が他の民族《エスニシティ》集団を犠牲にして自らの特権を強化するために投票する場合である。たとえば北アイルランドではかつて、多数派のプロテスタントが少数派のカトリックに対する自分たちの地位の強化を繰り返し行った。しかしながらこれらは特殊な事例でもあり、北アイルランドで行われたように、主要集団間で権力を分有する強制力ある民主的仕組みによって対応されうる。アファーマティヴ・アクションや人工妊娠中絶のような問題——これらはアメリカなどで見られる司法的意思決定の二つの主要領域であるが——がこのパターンに一致するかは明らかでない。この種の問題については裁判官もまた、個人的な見解をもっているという点で、他のあらゆる市民と同様に党派的である。その一方で、もっとも影響を被る人たち——それぞれ少数派集団と女性——のこれらの政策についての見解は、他の人びとの見解と同じくらい分断されている。すべての白人男性がこれらの政策に反対票を投じるわけではないし、すべての黒人女性が賛成票を投じるわけでもないのだ。

このような場合において、デモクラシーが提供するのは、論争を解決するための不偏的なプロセスである。「ひとり一票」〔の原理〕は、一人ひとりの市民を、自分の意見が他のどの人の意見とも同等の重みをもつことへの平等な権利をもつ者とみなす。もちろん、意思決定プロセスにおける平等な重みづけは、決定そのものがすべての人を平等な配慮と尊重をもって扱うものとなることを保証はしない。だが、多数派は、通常数百万人の市民の支持を獲得することを通じて構築されなければならず、ほとんどの市民がいくつかの問題においては少数派であり他の問題においては多数派になる。この事実は、デモクラシーのなかに平等主義的なバイアスを生み出す。すべての人がすべての意思決定に関与していることが、市民をして、自分自身が平等な配慮を与えられない事態を恐れさせ、他者の観点に平等に配慮するインセンティヴをもたせるのである。多くの読者は、これは民主的プロセスのいくぶん理想化された見方であると感じるかもしれない。そこで次節では、既存の民主的仕組みの特徴のいかに多くが実際にこの帰結を後押しするかを示したい。

シティズンシップとデモクラシーのいま

私たちが民主主義国と呼ぶ国の政治制度は、民主的守護者制がもっと想定される要素を備える度合いを高めてきている一方で、デモクラシーの直接的で参加的なモデルとは大きく異なっている。現代の民主主義国の主たる民主的特徴は定期的な選挙の施行にあり、そこでは、なんらかの多数決投票によって、すべての成人が、互いに競合する諸政党の候補者から適任者を選ぶことができる。これらの要素は、デモクラシーの過程に市民を十全に関与させ損ねている、またはポピュリズムを助長し最小公約数〔的な意見〕に迎合しているとして、前節で見た二つのデモクラシーの理想の支持者によって余すことなく批判されてきた。だがこれらの各要素は、現代の状況に適合的な仕方で市民のあいだの政治的平等を確保することに重要な貢献をしている。とりわけ、現実のデモクラシーの諸要素は、前節で見た二つの代替案にはない三つの特質を促進する。第一に、共同の決定を形成する際の公平さ、第二に、統治者の被治者に対する応答責任および統治者が自分自身のではなく公衆の利害関心を追求するインセンティヴ、そして第三に、不合意を解消する際の不偏性である。

厳密な意味での多数決の仕組みは、ひとり一票の原理に沿って決定を行い、五〇％超の票を獲得する選択肢を採用することをその要素とする。政治的平等の観点から、この仕組みには、すべての人の見解を匿名かつ中立的な仕方で扱うという利点がある。投票者が誰であるかやその人の信念の対象や根拠にかかわらず、その人の判断には他のすべての人の判断と全く同じ重みが与えられる。また、多数決の仕組みは人びとの意見の変化を反映し、ある動議についての人びとの見解が〔議論の過程で〕反対六〇％の状況から反対四九％で賛成五一％に変わるなら、その動議は可決される。結果として、多数決の仕組みのもとでは、すべての見解が平等に尊重されることになる。だが、多数決にはいくつかの問題もありうる。

まず第一に、あらゆる民主主義において純粋な多数決の仕組みが用いられているわけではない。悪名高いことに、イギリスとアメリカで用いられている選挙制度★において、ある政党が選挙に勝つためには、過半数の選挙区で他の候補者よりも多くの票を集めるだけでよいのである。厳密にはこれらの制度は相対多数代表制であり、選挙における第一党の得票率が五〇％を下回る――これは両国で頻繁に起きる――だけでなく、第二党の得票率をも下回るということもまたこの制度は許容している。ただし、第一党の得票率が第二党のそれを下回る事態は、イギリスではこれまで三回しか起きていない。一九五一年には労働党の方が得票数が多かったにもかかわらず保守党がより多くの議席を獲得し、一九二九年と一九七四年の一度目の選挙★★では、得票数の差はより僅差だったが、逆の事態が生じた。

さまざまなタイプの複数選択肢の順位づけを伴う比例代表制★★★はこの問題を克服することを目指しているが、投票者の選択肢が三つ以上あるときには独自の問題が生じる。そのような比例代表制は、選択肢を投票者がどのように順位づけるかをみて、もっとも多くの人がもっとも高い順位をつけた選択肢を選ぶ。これらの制度は確かに、アメリカやイギリスで採用されている相対多数に基づく小選挙区の仕組みに比べてより公平な票の重みづけの仕組みを提供する。しかしながら、比例代表制の異なる形態ごとに人びとの選好を集計する仕方は異なるので、どの選択肢を第一位とみなすかもそれによって変わってくる。さらに悪いことに、もし人びとによる選択肢の順位づけを一対一で逐一比較すると、どの単一の選択肢も他のすべての選択肢に対して一意に選好されないという事態に陥ることがありうる。

一〇〇人の投票者が三つの電力源のうちから支持するものを選ぶという次の単純な例を考えて欲しい。

表から分かるように、七〇人が風力より原子力を好み、七〇人が石炭より風力を好んでいるが、

★　イギリスの庶民院、およびアメリカの上下両院で採用されている小選挙区制のこと。

★★　イギリスでは一九七四年に二月と一〇月に二度の総選挙が行われた。

★★★　この箇所は原文では単に「比例代表制(proportional representation)」となっているが、当段落とそれに続く議論は比例代表制全般ではなく、複数選択肢の順位づけの要素をもつ制度に関するものとなっている。この点、著者と協議し、そのことを明確化する形で原文を修正した上で訳出することとした。

30 票	30 票	40 票
風力	石炭	原子力
石炭	原子力	風力
原子力	風力	石炭

六〇人が原子力より石炭を好んでいる。したがって、どの単一の選択肢も他のすべての選択肢に対して一意に選好されていない。この現象は投票の循環として知られており、一八世紀にコンドルセ侯爵によって最初に発見され、のちに数学者チャールズ・ドジソン――『不思議の国のアリス』の著者ルイス・キャロルとして有名――によって再発見された。そのような循環が生じると、他よりも選好されているものとしてどの選択肢を選んでも恣意的にみえてしまう。その選択は、投票の制度と政治家による制度の操作に左右されることになる。

幸いにも、この種のジレンマは論理的にはありうるものの、実際上は稀であることがわかっている。ジレンマが稀である理由のひとつは政党の役割に起因する。政党は、あらゆる争点について人びとの異なる選好をひとつの綱領へと集約し、その過程で人びとの選好は、一直線上に沿った総合的なイデオロギー枠組み内にまとめられる。なおその枠組みは、ほとんどの民主主義国においては左派と右派を両極とする。これにより、投票者が実際に行わなければならない選択は、二択に近いものへと単純化される。多党制のもとでさえ、人びとは左派から右派に至る選択肢の連なりのなかから選択するのが通常である。選挙中に人びとの票を求めて競争するなかで、政党は勝利できる連立を構築する――多党制においてはその連立の一部となる――インセンティヴをもつ。したがって政党は単独ないし共同で、さまざまな争点に関して人びとが強く選好する順位づけを反映するであろう政策パッケージをつくろうとする。政党は中位投票者――つまり、その選好順位が両極端の中間地点に位置する投票者――に近づくことでこの結果を達成する。中位投票者へのこの収束は、投票者の選択肢を奪うものであるという誤った批判にさらされることがある。しかしながら、事実はその逆であり、実際にはそれは政党が投票者の選択を最大限反映しようとする帰結である。選挙運動は、実質的な機能として、小さな規模での熟議の結果を反映するものとなる。選挙においてもっとも魅力のある政策パッケージを考案し議論するなかで、政党は実質的に、数百万の市民がもつさまざまな見解やこだわりの相互の受け入れの調整をつけることで、政策パッケージを市民たち自身のもっとも好む順位づけに一致させようとしているのである。結果として、投票者のさまざまな見解は平等に尊重されるだけでなく、平等な配慮を示されることが期待されうる。

その一方では、政党規律が選挙公約を守るよう代議士を拘束する。ルソーらによる、代表制に基づく政府に対して参加の観点から提起される批判のひとつは、ひとたび選挙で選ばれると代議士は自分のしたいように振る舞う自由を得てしまう、というものである。実際のところ、政党の十全な発達以前の選挙過程は、政策に影響を与える仕組みというよりもむしろ、投票者が社会的あるいは知的な優位者のあいだからもっとも有能な統治者を選ぶ手段として説明されることが多かった。要するにそれは本質において、選挙に基づく守護者制だったのである。この見解を表明したもっとも有名なものは、一八世紀イングランドの〔アイルランド出身の〕政治家であり哲学者であったエドマンド・バークがブリストルの投票者に対して語った次の一節である。「代議士は自身の勤勉だけでなく自身の判断をもあなた方に差し出さなくてはなりません。もし代議士が自らの判断をあなた方の意見の犠牲に〔しあなた方の意見を優先〕するなら、その代議士はあなた方

図14　アメリカ民主党の大統領候補選挙で選挙運動をするバラク・オバマ，2008年．©Getty Images

に仕えるのではなく裏切りをはたらいているのです」★。こうした主張に反して、現代の政党は選挙時の約束に対して驚くほど忠実であり続けている。政党が所属代議士に党としてまとまって投票させることは、しばしばメディアの解説者によってバーク的な論拠から批判されるが、実際にはそれは、投票者の判断に対する代議士の応答責任を担保するために不可欠なのである。もちろん、立法に関する綱領の変更を要請するような予期せぬ問題や状況も生じはするが、そうした変更は前回の選挙で設定された枠組み内で——あるいは、おそらくより頻繁に見られるように、次の選挙を予期して——なされる傾向にある。

　民主主義の観点からするとやや奇妙なのだが、投票者の見解に対して政治家がこのように注意を払うことは、政治家の見境ない権力追求の例として批判されることがある。だがその批判は、利益を生むためだけに消費者の希望におもねっているとして営利企業を論難するのと同じくらいばかげている。ちょうど市場が、市場シェアを維持ないし拡大するべくイノヴェーションやコスト削減を促すことで、起業家の利益追求心を消費者の有利になるよう利用するように、デモクラシーの制度は、政治家の権力追求心と権力を失うことへの恐怖をいかして、政策的失敗や変化する被治者の見解に政治家をより機敏に応答させることで、選挙での競争を投票者の利益になるように利用するのである。

その上、ほとんどの起業家がなにに代えても利益を追求する以上に、政治家が権力のために「なんでもする」わけではない。とりわけ、政治家と政党は自らの「ブランド」ないしイデオロギーに驚くほど忠実であり続けている。野党の政策を盗用する――それ自体が、政党間の分断を超えた連合の必要性を反映する点で、投票者にとって利益をもたらす行為である――ときでさえ、政治家と政党は変化を続ける自らのイデオロギー上の立ち位置と整合的な仕方でそれを行おうとする。政治的シニシズムはジャーナリストが見せようとするよりもずっと稀なものである。

これらの作用はいずれも市民にとってよい報せである。投票制度を通じて市民たちは、比較的わずかな意見提供をするという低いコストと引き換えに、政府を――より徹底した平等な配慮と尊重をもって市民を扱う仕方で――市民たちの利害関心と見解に応じさせることができる。市民は、〔市民のニーズや見解に対する〕感度の低い政治家や無能な政治家を解任できるし、不偏的な仕方で共同の決定を行うことができる。それにもかかわらず、デモクラシーの働きに対する失望がかつてないほどに高まっていることは否定しがたい。この失望はなぜ生じてきたのか、そして私たちはそのことから今日のシティズンシップの本性についてなにを学べるだろうか?

★　この文は訳者が訳出した。エドマンド・バーク『エドマンド・バーク著作集　2』中野好之訳、みすず書房、一九七三年、九一頁。

シティズンシップの終焉?

すでに見たように、シティズンシップは市民のあいだの一定の連帯と相互性にかかわる。市民は、利益だけでなく費用をも共有する共同事業の平等なパートナーとして、自分たちをみなす必要がある。これは納税だけでなく選挙への参加についても言える。連帯と相互性の感情は、さまざまな理由から衰退傾向にある。この現象は二つの広範かつ目立つ仕方で表れており、それらはある点では相互に関連もしている。すなわち、国と政府に対する消費者志向的態度の拡がり、そして政治共同体の断片化と弱体化である。

現代の民主的制度における投票は、ときに自己利益的なものとして描かれまた批判される。実際のところ、専制的な多数者に関する危惧の背後には、しばしばこのような投票観がある。だが、第1章で述べたように、自己利益的投票者は〔投票に行くよりも〕家にとどまりがちである。誰かひとりの票が結果を左右する確率は極めて低いため、投票に行くことの時間と不便さのコストはいかなる期待利益をもほぼ確実に上回る。投票するには個人は、自分の見解を公共的舞台で表明することを重要であると感じ、また自分の声は数百万の他者の声とさまざまな仕方でつながっているため、自分は単に一票を投じているのではない、と感じているのでなければならない。さまざまに異なる理由から、多様な種類の人たちがこの市民的義務を放棄するようになってきている。経済学者J・K・ガルブレイスにより、豊かな「満足せる多数派」として描かれた人びとは、自分たちが間接的にしか利益を得ないかもしれない共通財に貢献する意欲をますます失い、それにつれて選挙政治について好悪ない混ぜの態度をとるようになっていった。こうした人たちは、コストと自分個人が得るものとのあいだに、市場で顧客が享受する関係に似た、より直接的な相関関係を求めている。それゆえこの人たちは、医療、教育、さらには警察のような、これまで公共サービスであったものの多くが徐々に民営化されていくことを受け入れる傾向にある。民営化は市民的態度の弱体化をもたらすが、それは、民間業者が公共財や公共サービスを提供すること——それはある場合には国営業者に比べて効率性の面で利益をもたらしうる——によってというよりもむしろ、公共財が、権利によってすべての市民に公平な仕方で提供されるべき共同の責任ではなく、私的な消費財とみなされるようになるにつれて生じる。もしある家族が民間の健康保険に加入しており、公教育制度を利用しないとしたら、その家族が他の人のために公的資金によるサービス提供を支持しようとする気持ちは弱まるだろう。それに対応して、この種の人びとの政治活動はより私的な形をとる。こうした人たちは〔伝統的な〕政党が提供するより包括的な代表から離れ、単一争点に焦点を当てることの多い、より狭い選挙運動や圧力団体に引きつけられやすい。こうした人たちは、特定の公共サービスに対して消費者としての権利と特権を求めはするが、増税を通じたサービス向上の費用負担を受け入れようとは思わない。

より裕福な市民の社会的態度と政治活動に関するこの変化は、過去三〇年にわたる富裕層と貧困層の格差拡大によって生じてきた、現代の共同体の断片化の一側面とつながっている。富裕層と貧困層は徐々に異なる生活世界に属するようになってきており、富裕層は、貧困層を社会的協働の制度を共有する同じ市民というよりもむしろ封じ込めるべき問題とみなしがちである。同時に、貧しい人の社会的排除は、〔貧しい人の〕政治的組織化が難しくなることおよび政治参加の度合いが相対的に低下することをも意味する。結果として、政党はジレンマに直面する。もし投票者の変化に追随しようとし、単一争点の運動団体のようになるなら、政党は、共通善を目指す包摂的で原理原則に基づく運動としての役割を捨ててシニシズムに与した、という批判を招くことになる。だが、もしそのような伝統的な戦略を採用し続けるとなると、政党は貧困層の票を集めることなしに富裕な投票者の支持を失うリスクを負うことになる。

文化的断片化も同様の問題を提起する。メディアの注目は、移民によって生じた社会の多文化状況に集中しがちである。だが第3章で見たように、大抵の移民たちは、差別的でない政策に基づいて広い政治共同体に包摂されることを求めている。移民の圧倒的多数が目指してきたのは、受け入れ国の政治文化から差別の要素を取り除き、その国の政治文化を拡張することであって、〔自集団の〕文化——移民二世や三世の多くが受け入れ国の文化と融合させ、場合によっては放棄さえしてしまう文化——を保存する政治的居留地をつくることではない。これと対照的に、すでに一定地域に人口が集中している少数ネーションや少数民族《エスニシティ》集団は、とりわけ支配的国民《ネーション》集団と宗教や言語の面で差異がある場合には、政治的自治権強化の要求をかつてないほど声高に主張するようになってきている。こうした要求は、イギリスにおけるウェールズ、スコットランドや北アイルランド、カナダにおけるケベック、スペインにおけるカタロニアやバスク地方といった、ある少数集団が主導する地域に対する〔他の地域とは〕不均等な権限移譲に行き着いてきた。

富裕層と貧困層との深まる分断と、少数派のネーション・民族《エスニシティ》と多数派国民《ネーション》の政治文化のあいだの文化的分裂のそれぞれに共通するのは、それらがいずれも現代の社会集団間の分断——つまり〔集団間の区分に沿った〕垂直方向の分断——の表れであることである。デモクラシーは、人びとのあいだの主たる対立が集団横断的分断——つまり〔集団をまたぐ〕水平方向の分断——であるとき、もっともよく機能する。そのような場合、政治的に重要な複数の分断線は、それぞれが他の〔位置や方向が異なる〕分断線に交差して引かれる。それゆえ富裕層のなかに社会主義者、貧困層のなかに保守主義者がおり、中絶に反対するカトリック教徒と中絶の権利擁護派のそれぞれに裕福な人と貧しい人がおり、アファーマティヴ・アクション肯定派と否定派の両方に、男性と女性、黒人と白人、中絶の権利擁護派と反対派がいる、といった事態が予想される。

結果として、気にかけるすべての問題に関して自分が少数派であるような、恒常的な少数派はあまりいない、ということになりそうだ。たとえば中絶反対派は、その問題に関して少数派であるかもしれないが、アファーマティヴ・アクションに関しては多数派であるかもしれない。もちろんその人たちは、自分がもっとも気にかけている問題について少数派であるかもしれないが、その状況の「強度」は、（その人たちにとって）より重要性の低い多くの問題において自分の意見を通せることによって軽減されることが予想される。そのようにして釣り合いを調整することは、とりわけ二大政党制寄りの制度のもとでは、政党間でと同じくらい政党内でも起きる。その結果として、すべての人が妥協する必要が生じることは、ご都合主義的だという誤った批判にしばしばさらされる。しかしながら、まさにこの妥協の必要こそが市民のあいだに寛容と相互承認を生み出し、すべての人が平等者とみなされ、〔選挙の〕勝者である多数派にある程度包摂されることを可能にするのである。自分がもっとも支持する政党が野党であるときでさえ、自分が好む政策の少なくともいくらかは与党によって採用される可能性が高く、場合によってはその政策を自分の支持政党よりもうまく推進するかもしれない。

垂直方向の分断が支配的なときには、そのような包摂性は達成されづらい。多くの集団横断的な問題があったとしても、民族《エスニシティ》、宗教、ないしネーションが〔人びとの〕第一義的なアイデンティティとなり、他のすべての問題はそれに従属させられてしまうだろう。たとえばベルギーでは、フラマン語圏とフランス語圏のそれぞれを拠点とする保守党と社会党があるが、それらの政党間の協働は文化的および言語的分断の優位性によって抑制されている。

そのような場合、投票の主目的は自分の文化集団のために影響力を確保することであるため、投票は稀にしか政府の政策選択に影響を及ぼさない。二つの集団間の隔絶のため、このような場合、少数派の抑圧の危険はより大きくなる。権力分有はある程度この危険を克服しうるが、それは民主的な応答能力の点での代償をともなうかもしれない。たとえば現在ベルギーでは、選挙は社会をどう統治するかに関する争点をほとんど反映せず、政府のパフォーマンスにかかわらず、ただ自分の所属集団が与党連合にどの程度参画するかを反映するものとなっている。もし分断があまりに深いものとなるなら、解決策は完全な分離独立しかないかもしれない。だが、大多数の国はつねにいくらかの際立った文化的少数派をうちに含むだろうから、分離独立という戦略の採用には常に限界があるだろう。これと同様の現象は他の分断に関しても見られる。経済的分断について言えば、富裕層が、社会一般の政治共同体から自分たちだけのゲーテッド・コミュニティへと離脱していくことがそれにあたる。〔そうすることで〕富裕層は公共部門に対する貢献から撤退し、民間のサービス提供者にのみ依拠しようとする。

グローバル化は政治共同体の解体に拍車をかけてきた。弱体化した国家は共通財提供能力を低下させ、その過程で、消費者的で私的利害関心に突き動かされた政治行動の増大を招いてきた。グローバル市場に起因する人口移動の増加圧力と、協働の仕組みからの離脱を可能にする〔個人の〕能力の増大をうけて、国《ナショナル》の政治文化も同様に弱体化している。第4章で見たように、こうした動向は、コスモポリタンの観点からすると、文化、社会経済および政治に関わる分断を人権へのコミットメントを通じて乗り越える、ポスト国民《ナショナル》文化の可能性を秘めた望ましいものに見えた。だが、疑いなく世界でもっとも進んでいる国を超えた政治共同体であるEUが示すように、そのような希望の実現は遠い先のことのようにみえる。EUの政治的組織化は、国ないしさらに下位の領域に対する市民の忠誠心に強く根ざしたままであり、欧州規模の政党は選挙における存在感をもたない単なる議会の派閥にすぎない。その一方で、EUの存在意義となってきたのは、ヨーロッパ規模の市場を促進するために、資本、財、労働力およびサービスの自由な移動を強化することである。経済的利益には適う一方で、この政策は、ヨーロッパ規模の政治文化をつくり出すことなく、国民《ナショナル》を単位とする政治共同体を弱体化させる諸力の増大を助けてきた。〔有権者の〕EU選挙への参加は、国内政治への参加よりもいっそう低く、かつより速いペースで低下し続けており、その一方で、特権的集団は、圧力団体や訴訟などのより私的な回路を通じて効果的

図15　ベルギーを象徴する棺を運ぶフラマン・ナショナリスト集団ヴォーポスト．©AFP/Getty Images

に影響力を行使してきた。

〔このような状況に対して〕何がなされるべきだろうか？　もっとも議論されている二つの解決策は、〔第一に〕住民投票や、市民陪審のような〔ある政治的決定の〕影響を被る一部の利害関係者やフォーカス・グループを通じた、デモクラシーのより参加的な形態と、〔第二に〕さまざまな形態の専門家守護者制である。これらは、イギリスやアメリカのような確かな基盤をもった民主主義国において、選挙民主主義を補完ないしは代替さえするものとして、ますます用いられるようになっているほか、（先に見たように）真のデモスや政党制デモクラシーを創出しえないことが明らかとなってきたEUにおいても広く用いられている。これまでこれらの国で選挙によって選ばれた政権担当者が担ってきた仕事は徐々に、選挙によらない半独立の規制者に委任されるようになってきている。例えば、金利の設定は中央銀行総裁が行い、最低賃金の決定は特別委員会によってなされ、原子炉の立地に関する紛争の調停は司法審判所によって担われる、というように。

こうした問題について市民が発言権をもつとすればそれは、公衆を代表するサンプルとして選ばれた陪審員による熟議を用いたコンサルテーション、政治運動団体の活動、または地域レベル——場合によっては国レベル——での住民投票を通じてである。しかしながらこれらの仕組みは、シティズンシップの決定的特徴である市民的平等の条件の観念に反する方向で作用するため、解決策であるよりも問題の一部である、ということを私たちは見てきた。〔専門家守護者制について言うと、〕専門性の過度な尊重は、当該の問題が、市民には信頼に足る意見表明ができない問題であるか、あるいはなんらかの仕方で政治を超越した事実に関わる事柄である、ということを暗に意味する。いずれの場合も、そのような専門家への委任の戦略が示唆するのは、共通の関心事に関する熟議において市民が互いに平等者として議論しあうことは、不要であり不当でさえあらしいということである。それゆえ、専門家への委任は、公共善に関する合意に到達する市民的義務としての政治に対する失望を増大させ、政治からの撤退を加速させることになる。〔サンプルとして〕選ばれる市民や集団に対するコンサルテーションもその事態を改善するものではない。というのも、〔住民投票について〕すでに見たように、コンサルテーションのような施策もまた共同の政策の形成に際して、他者の必要や見解を受容しそれらに応答するよう市民を促すことはないからである。反対にそれらの施策は、他の市民の意見を考慮する一切の必要なしに、純粋に私的な関心事を追求するために、または個人的な信念を表明するために、政治を利用することを市民に許すのである。

シティズンシップ教育を通じて政治参加へのコミットメントを再構築する取り組みはより有望な応答だが、第3章で見たように、それらもまた独自の問題を抱えている。市民として積極的参加を行うか否かという差異は、概して若い時期に形成される。投票資格があるはじめての選挙で投票したかどうかによって、その人がその後の人生でどの程度政治参加をするようになりそうかをかなりの程度判別できるということを、いくつかの研究が示している。したがって、若い人たちが、最初に投票する機会に先んじて民主政治についてより情報と興味をもてばもつほどよいということになる。市民としての参加はまた、よりローカルな共同体に権利を移譲する試みによって向上されやすい。そのような状況では価値や目的はより深く共有されやすく、それにともなって共同の活動に関与する意欲も強くなりやすい。

しかしながら、取り組むべき最大の困難はおそらく、拡大する社会的および経済的不平等によってもたらされるものだろう。これまでみてきたように、政治的平等に基づいて公共的な解決策を追求するコミットメントを掘り崩す最たるものは、共通の制度からの離脱を可能にするような力を富裕層が有していることである。そのような事態の原因はしばしばグローバル化に帰され、国を超えた生産・交易体制をもつ企業が国の管理の外で活動できる状況では、市場の力が優位になることは避けがたい、と言われる。だが、そのような主張は誇張されているようにみえる。北欧諸国の例が示すように、高水準の福祉と社会的支出への伝統的なコミットメントを維持しつつ、新たなグローバル経済の環境に適応し経済的に成功することはいまだに可能である。さらに、EUのような領域的機構を通じて、これらの国はグローバルな経済過程を共同で制御することに成功してきた。

政治的シティズンシップが近年弱体化している責任を、市民たち自身、グローバル化のような社会的諸力、あるいは政治家および政治構造のいずれに帰するかをめぐって、識者の意見は分かれているようである。これらすべてが一定の責任を分有していることは疑いない。だがすでに見たように、これらはいずれも、手に負えない問題でもなければ、シティズンシップの理想の妥当性や整合性を損ねてもいない。国民国家は、単体でそしてますます他国との協働を通じて、今日のグローバル化された複雑な社会の経済的、社会的および文化的な問題に対応する能力を維持し続けている。国民国家はまた、民主政治のいまだにもっとも魅力的かつ実行可能性の高い形態――すなわち、政党間競争に基づく代表制デモクラシーの仕組み――にとって適合性の高い環境であり続けている。

なによりも、共同体のなかで生きることをともに形づくる、市民として平等である人びとからなる社会は大きな魅力を保持している。シティズンシップは、私たちの社会道徳の中心的特徴を形成する一因であると同時に、それに実効性を与えてもいる。シティズンシップは、私たちの自己の価値の感覚全体を支え、それを通じて私たちが他者といかに接するかに影響を与える。シティズンシップは、二〇世紀後半から二一世紀初頭の主たる道徳的達成である権利へのコミットメントと文化的多様性の大切さの認識を下支えしている。シティズンシップのこれらの作用を政治やデモクラシーへの関与から分離することがトレンドとなってきているが、私が本書で示そうとしたのは、それは不可能だということだ。シティズンシップと民主政治はその命運をともにしている。二者の結びつきを解こうとすることは、単に政治的シティズンシップの可能性だけでなく、シティズンシップ自体の観念そのものに付随する価値をも掘り崩してしまう。したがってシティズンシップに再び力を与えられるか否かは、政治参加と、それにともなう所属の感覚、そしてシティズンシップがもたらす最大の利益である権利に対するコミットメントを、縮減するのではなくむしろ再活性化することにかかっている。

訳者解説

一般に、立憲主義と民主主義は補い合う関係にあると考えられている。民主主義が多数派市民の声を背景に立法し政策を実施する仕組みである一方で、立憲主義は時の多数派が暴走しないように、民主的決定が成文憲法の枠組みに沿っているかどうかをチェックする仕組みである点で、両者は補完的であるというのが大方の理解であろう。しかし、本書の著者リチャード・ベラミーによれば、立憲主義は民主主義をむしろ危うくするという。立憲主義の仕組み（例えば司法審査）は人びとの意見を平等に反映しないゆえに民主的正統性を欠いており、恣意的な統治を抑制するどころか促進することとなり、結果として法の支配を危うくするのである。現在の民主主義が備えている、複数政党間の競争や一人一票に基づく選挙制度には改善の余地がつねにある。だがこれは、人びとを平等に取り扱い、統治における恣意を防ぎ、そして法の支配を貫徹するための、可能な選択肢のうちで最善な仕組みであることは確かである。

この大胆なテーゼは、ベラミーがその主著 *Political Constitutionalism* (Cambridge University Press, 2007) ——もっとも優れた政治思想の著作に授与されるスピッツ賞を二〇〇九年に受賞した——において展開したものである。この議論の少なくとも一部は、*Political Constitutionalism* の一年後に刊行された本書（*Citizenship: A Very Short Introduction*, Oxford University Press, 2008）にも窺うことができる。本書についての簡単な解説を加えることに先立って、まずは著者自身の紹介を試みたい。

著者について

本書の著者ベラミーは、二〇〇五年にユニヴァーシティ・カレッジ・ロンドン（University College London）の政治学教授として着任して以来同職にある。二〇一四〜一九年のあいだは、ＵＣＬに籍を置いたまま、ＥＵの設置した研究機関である欧州大学院（European University Institute）の教授兼マックス・ウェーバー・プログラム長も務めた。また、政治理論の知見を議論の絶えない難問に対して応用することによって、新たな政策展開の可能性を提示することをテーマに掲げた雑誌（*Critical Review of International Social and Political Philosophy*）の共同編集長を務めている。

ベラミーは、一八世紀の政治思想史から現代の政治理論までの幅広いテーマについて多くの著作を刊行しており、現在までに刊行された単著書は一一冊、編著書は三〇冊余りを数え、論文は一〇〇本を超えている。ケンブリッジ大学でクェンティン・スキナーのもと政治思想史を学んだ彼は、近代イタリア政治思想史に研究テーマを求めるようになった。そして、二〇世紀前半を代表するイタリアの観念論・自由主義思想家ベネデット・クローチェを博士論文のテーマに選び、一九八三年に博士号を取得した。この博士論文は一部を除いて刊行されなかったものの、その知見は、クローチェを含む一九〜二〇世紀イタリアの代表的な政治思想家一〇人余を取り上げた*Modern Italian Social Theory*（Polity Press, 1987）に活かされている。その後は二〇〇一年ころまで、イタリア思想史に関する多くの著作を執筆するとともに、ベッカリーア、グラムシ、ボッビオといった主要思想家の著作の編訳・監訳を行った。こうした功績から、二〇一二年には、優れたイタリア研究者に贈られるセレーナ賞を受賞している。現在のところ、彼のイタリア政治思想史研究はひと段落したようであるが、ここに触れた *Modern Italian Social Theory* は、現在に至るまで類書がないだけでなく、ベラミーの研究姿勢を考える上でも示唆的な作品である。というのも、この本は一九～二〇世紀のイタリア政治思想史に関する著作でありながらも、リベラル・コミュニタリアン論争といった、当時の先端的な政治理論や、当時のイギリス社会の実際問題に対する著者の強い関心が垣間見られるからである。

他方でベラミーは、一九九〇年代から現在に至るまで、現代の政治理論に焦点を合わせた研究も多数刊行している。彼が取り上げたテーマを見ると、先述した立憲主義と民主主義の関係のみならず、自由主義、共和主義、政治的リアリズム、政治理論的知見の実際問題への応用と幅広い。ところで、本書を含む彼の現代政治理論研究には、政治思想史的なモチーフがさまざまなところに顔を出している。例えば本書では、統治者と被治者の関係を軸に政治のあり方を考える図式がしばしば登場するが、これは一九～二〇世紀のイタリア思想史に繰り返し登場する図式に由来する。こうした研究のあり方は、政治思想史と政治理論を往復してきた著者の強みであると言える。ここに概観した業績ゆえに、ベラミーは二〇二二年に英国学士院フェロー(Fellow of the British Academy)に選ばれている。

このように幅広い分野で業績を成しているため彼の名は日本でも知られているものの、その著作はほとんど邦訳されてこなかった。ベラミーが博士論文を審査した後輩研究者ダロウ・シェクターとの共著『グラムシとイタリア国家』(小池渺・奥西達也・中原隆幸訳、ミネルヴァ書房、二〇一二年)が唯一の邦訳書であり、デイヴィッド・バウチャー、ポール・ケリー編『社会正義論の系譜』(飯島昇藏・佐藤正志訳者代表、ナカニシヤ出版、二〇〇二年)に所収された、「コミュニティにおける正義」(岡田憲治訳)がおそらく唯一の邦訳論文である。

いずれにしても、彼の研究は、政治思想史と政治理論とを往還しながら、挑発的で大胆なテーゼと、それに説得力をもたせる緻密な議論を提供することに特徴がある。ただし、本書について言うならば、入門書ということもあり、緻密な議論を展開するというよりも、大きな見取り図を示すことに主眼が置かれていると思われる。続いては、本書の概要、そのシティズンシップ論の特徴、いくつかの問題点のそれぞれについて、簡潔に検討していきたい。

本書について

シティズンシップという言葉は多義的であり、本書中でもこの語は、市民のもつ権利(市民権)、非市民と比べた場合に市民に求められる資格や性格、また市民の一員であることを主に意味している。なお、シティズンシップという言葉を聞くと、「移民や難民といった外国人をどこまで私たちの国に受け入れるか」という問題系を指すと思われる方もいるかもしれない。たしかにこうした問いはシティズンシップ論の一部である。だが、本書の第1章と第2章においてベラミーは、シティズンシップの概念が「私たちの国(政治共同体)」の根拠を問うているという重要な点に光を当てている。第一に、なぜそれは「私たちの」国なのだろうか。つまり、私たちはどのように「私たち」という集合性を形成するのだろうか。また、ある政治共同体に暮らす人びとは、どのような意味でその政治共同体の成員であると言えるのだろうか。第二に、どのような意味でそれは「国(政治共同体)」として定義されるのだろうか。その規模だろうか、成員の同質性だろうか(それもどのような意味での同質性か)、共同体への参加や貢献の程度だろうか。実際のところ、シティズンシップの資格や定義だと考えられるものは時代とともに変化してきた。つまりシティズンシップ論とは、「私たちがある政治共同体でともに暮らすこと」――要するに「市民」であること――の根拠と意味という根本的な問題を時代を超えて検討し、現在におけるそのあり方を考えようとする問題系なのである。ベラミーによれば、このように変化してきたシティズンシップの意味を把握する上で大切な概念は、成員資格《メンバーシップ》、権利、参加の三つである(第1章)。第3章から第5章までの各章では、この三つの要点それぞれが検討されることになる。第3章は、政治共同体の内部と外部における排除と包摂を検討する。政治共同体においては、どのような資質が市民の成員資格《メンバーシップ》に必要だと考えられるかに応じて、それを満たすものと満たさないものの包摂と排除が行われてきており、また現在も行われている。第4章は、シティズンシップの核心をいくつかの具体的諸権利の集合体と見なす見解と、こうした諸権利がグローバルに拡張されうるという見解に対して批判的検討を加える。ベラミーによれば、具体的諸権利よりも「諸権利をもつ権利」という観点こそが重要である(これについては後述する)。第5章は、デモクラシーに対する人びとのますますの失望やそこからの退出(教育や医療といった公共的事柄の私事化)というトレンドを踏まえて議論が進行する。ベラミーによれば、デモクラシーは人びとが思っている以上に有益である。デモクラシーこそが、政治参加を通じた共同体の維持発展や、個別具体的な権利の確立という市民の利益をもっともよく実現できるからである。以上から明らかなように、成員資格《メンバーシップ》、権利、参加の三つの要素が本書の中核に位置している。そのなかでも「諸権利をもつ権利」と「参加」との強調が、ベラミーのシティズンシップ論を特徴づけている。

「諸権利をもつ権利(a right to have rights)」は、もともとハンナ・アーレントが『全体主義の起原』の第二巻「帝国主義」の最終章で用いた言葉である。アーレントによれば、人権はあらゆる人が根本的にもつ権利として一八世紀に発明されたものであるが、実のところ、具体的・法的に自分を保護する政治共同体が存在してはじめて十全に機能する。このことを明らかにしたのは、全体主義であった。ナチス・ドイツはユダヤ人を徹底的に無国籍化し、それを通じてユダヤ人を絶対的な「無権利状態」に置いた。国籍のない状態は、人びとが一切の具体的権利を奪われた状態と軌を一にしているのである。人権にしか頼るものがない状況に置かれた人は、実際のところ何の法的保護も期待できない点で、法に基づいた処遇が期待できる犯罪者よりも劣位に立たされている。逆説的なことに、人権はある国家の市民であるときにはじめてその内容が保証されるという難点をもっている。この点で「諸権利をもつ権利」とは、自分が政治共同体に属する根底的権利を意味し、政治共同体で享受する具体的な諸権利を基礎づけるものである(Hannah Arendt, *The Origins of Totalitarianism*, Harcourt, pp. 290–297. 邦訳『新版　全体主義の起原2——帝国主義』大島通義・大島かおり訳、みすず書房、二〇一七年、三〇三〜三一六頁)。

アーレントのこの概念自体が論争的であり、いくつかの解釈が提起されてきた。ベラミーは民主的シティズンシップにとって不可欠な権利を指すものとしてこの概念を流用している（第4章後半）。ベラミーによれば、私たちは自分が所属する政治共同体において具体的な諸権利をもって暮らしている。これらの具体的な諸権利は過去のある時期に発見され獲得されてきたものの積み重ねであり、今後も新たな権利の追加がありうる。そうだとすると、具体的な諸権利に先立って、それらを生み出す根底的な権利が何かしら存在することになる。この根底的な権利は、選挙、裁判、政治運動などのデモクラシーの過程を通じて、市民のもつ具体的な諸権利を確立していく際の根拠となっており、シティズンシップのあり方を定義する権利そのものを指していると言っていいだろう（第1章では「諸権利をもつ権利」は民主的シティズンシップと等置されている）。

しかしながら、その性格上、この「諸権利をもつ権利」は固定的なものではありえず、民主的シティズンシップを促進する活動なしにその姿を現すことはない。この根底的な権利に訴える人びとは、ただ人権にしか訴えるものをもたない生身の人間ではなく、特定の政治共同体——とりわけ国家——の市民でなければならない。ベラミーは、ある国家の市民がさまざまな手段を活用して政治に参加することによって、この「諸権利をもつ権利」ははじめて機能すると考えている。

本書でのベラミーの議論は、概略としてこうした特徴をもっている。訳者の見たところでは、ここには大きく三つの問題がある。第一の問題は、国民国家そのものに関わる。ベラミーは、国民国家を近現代における政治共同体の成員資格の単位として、また「諸権利をもつ権利」や政治参加の基盤として、おおむね肯定的に考えている。だが、歴史を見るならば、国民国家形成の過程には、多数派が少数派に対して発揮する政治的・社会的・文化的優位性とそれを背景にした抑圧性が存在することが通例であった(例えば、アントニー・D・スミス『ネイションとエスニシティ――歴史社会学的考察』巣山靖司・高城和義他訳、名古屋大学出版会、一九九九年の第六章「ネイションの形成」を参照)。ベラミーの議論では、こうした優位性のもつ抑圧的性格はほとんど強調されていない。これは単に歴史叙述の問題ではない。

というのも、第二に、現代の民主社会においても、政治参加の過程において多数派と少数派のあいだに大きな力の差があることが一般的だからである。この点を敷衍するならば、「諸権利をもつ権利」も平等に――より精確に言えば平等主義的に――分布しているわけではなく、政治共同体内部のアドホックな力関係を多かれ少なかれ反映しているのであって、帰結として産出される具体的な諸権利についても、多数派有利の構図が変わらず存在することが考えられる。なお、政治参加の方法として、例えば第4章でアメリカの公民権運動に言及するように、ベラミーが当時に必ずしも合法的ではなかった社会運動も考慮していることは確かである。だが、市民が選挙に参加し、その結果として政党間競争に影響力を行使することこそ、彼の考える政治参加の主要な方法であることは間違いない。一般に、少数派に選挙権を行使しない傾向があることは、ベラミー自身も指摘している通りである。もし、政治共同体の成員間である程度公正なものとして合意できる選挙制度が導入されたとしても、多数派優位の傾向は選挙を通じてもなお残り、市民間の平等というデモクラシーの理念と相容れない状況が出現することは充分に想定できるだろう。

なおベラミーは、国際機関や司法機関について、市民の民主的な統制が及ばない欠点を指摘している。しかしながら、選挙のような一国内での民主的制度においても、民主的統制の問題がなお残ることはここに指摘した通りである。実際に存在する多数派と少数派の力の強弱をどのように平等化し、シティズンシップのあり方に対して両者の見解や利害を公正に反映させるかという点で、ベラミーの主張する「諸権利をもつ権利」や政治参加の強調は心もとない。現実のデモクラシーの制度のなかに、市民間の力の強弱が存在しているにもかかわらずそれが等閑視されてきたという問題は、二〇〇〇年代以降、さまざまな形で噴出していると思われる。

関連して第三に、デモクラシー(とくにそのウエストミンスター型制度)を擁護するベラミーの議論の一部は、不確かな基盤に依拠しているように見える。例えばベラミーは、市民が一定の共通性を有しており恒常的な少数派がまれにしか生じないことを、議論なしに仮定しているようである。少数派にとって多数派の文化や決定を受け入れることは過度の負担や支配を伴うものとなっていないか、中位投票者の選好は充分に代表的と言いうるか——投票者の選好の正規分布という想定は妥当か——といった問題は充分に検討されていない。これらの懸念は、原著の出版(二〇〇八年)以降に生じたとされる民主政治のあり方の変化に由来するものかもしれない。だが、著者が念頭に置く一定の条件が歴史的なものであるならば、その変化に応じて、ベラミーのシティズンシップ論の射程も問わなければならない。

これらの問題点を踏まえると、一人一票に基づく選挙や政党間競争といった、ベラミーが「機能している民主主義」の構成要素と考えるものもまた、すぐさま市民間の平等を担保する機制になるとは限らないように思われる。本書中で著者は過度に観念的なデモクラシーを批判していたものの、著者自身もまた、デモクラシーに対して何らかの暗黙の想定をもっていないかどうか、批判的な検討が必要だろう。とはいえ、「諸権利をもつ権利」と政治参加を強調したベラミーの議論は、他のシティズンシップ論と比較した場合にも明瞭な特徴をもっており、啓発的である。ここに指摘したいくつかの問題は、ベラミーの議論を踏まえつつ、シティズンシップ論をさらに発展させるうえでの論点になるだろう。

おわりに

本書は小著であるものの、翻訳作業は難航した。ベラミーの文章が晦渋であることは知られている(彼のある著作に対する書評では、その文体が批判の対象となっていたこともあった)。本書は、専門知識を前提とした難解な内容を曲折した口語的英語で表現しているため、議論の大意を摑むことは容易である一方、精確にその意味を特定しようとするとしばしば論理のつながりが追えなくなるという不思議な文体をもっている。本邦訳では、ところどころに訳注を付したり、訳語を工夫したりすることで、内容の精確さと日本語としての読みやすさの両立を図った。したがって、英語と日本語を一対一対応させることにも、専門用語の定訳を適用することにも必ずしもこだわっていない。また、複数の訳語を充てた言葉のうち重要なものについては、ルビを付して原語を追跡可能なようにしてある。これらの試みがどの程度成功しているかは読者の判断を俟ちたい。

翻訳の分担について言うと、千野は第1章、第2章、第3章前半、「文献案内」を、大庭は「まえがき」、第3章後半、第4章、第5章をそれぞれ担当した。もちろん、千野と大庭は何度も訳稿を交換し、訳語や文体の統一を図った。翻訳作業を進めるにあたっては、多くの方に助けていただいた。当時、千野のリサーチ・アシスタントであった福島弦さん(早稲田大学政治経済学術院助手)は、草稿に対する数多くの貴重な助言をしてくださったばかりか、「文献案内」に挙げられた文献について邦訳の有無を調べてくださった。シティズンシップ論に詳しく、欧州大学院でベラミー教授に博士論文の審査を受けた宮井健志博士(成蹊大学客員准教授)からは、「日本の読者のための文献案内」を作成する際に重要な指摘をいただいた。この企画を提案してくださった、編集者の北城玲奈さんは、原稿をくりかえし丁寧に読んだうえで、数々の貴重なコメントをくださった。ベラミー教授にも、翻訳上の疑問について数度のご教示をいただいた。これらの方々に深くお礼を申し上げるとともに、翻訳上の過誤はすべて訳者の責任であることを銘記しておきたい。

千野貴裕・大庭　大

訳者あとがき

私にとって、博士課程時代の指導教授であるベラミー先生の本を邦訳する機会に恵まれたことは僥倖であった。彼の指導はつねに厳しいものであったが、彼は私を「お客さん」扱いせず、自分のスタンダードを崩さずに、学問的同僚としてつねに対等に接してくれた。この邦訳が、彼の教示とその姿勢に対して多少の互恵性を発揮する機会となっていることを願うばかりである。

翻訳中の昨夏、川岸令和先生の突然の訃報に接した。「ベラミーの英語は難しいよね」と前髪をいじりながら言われていたその姿が忘れられない。

二〇二三年二月

千野貴裕

リチャード・ベラミー
Richard Bellamy
ユニヴァーシティ・カレッジ・ロンドン教授．英国学士院フェロー．PhD in History（ケンブリッジ大学）．専門は，政治理論・政治思想史．主著の *Political Constitutionalism*（Cambridge University Press, 2007）でスピッツ賞を受賞．その他著書多数．邦訳書に『グラムシとイタリア国家』（共著，ミネルヴァ書房，2012年）がある．

千野貴裕
早稲田大学教育・総合科学学術院准教授．PhD in Political Science（ユニヴァーシティ・カレッジ・ロンドン）．専門は，政治思想史・政治理論．論文に，「グラムシアン・モーメント――グラムシにおけるヘゲモニーと市民社会を再考する」（『思想』2021年5月）などがある．

大庭 大
オックスフォード大学政治国際関係学部博士課程．論文に「純粋手続き的正義と分配パタン指定の隘路――理論と制度的指針の検討」（『年報政治学』2019-II），「生産性と相互性のリベラリズム再考――ロールズ主義における障害者包摂をめぐって」（同前，2021-II）などがある．

哲学がわかる シティズンシップ
――民主主義をいかに活用すべきか　リチャード・ベラミー

2023年6月14日　第1刷発行

訳　者　千野貴裕《ちのたかひろ》　大庭《おおば》　大《だい》

発行者　坂本政謙

発行所　株式会社 岩波書店
〒101-8002 東京都千代田区一ツ橋2-5-5
電話案内 03-5210-4000
https://www.iwanami.co.jp/

印刷・精興社　製本・松岳社

ISBN 978-4-00-061595-2　Printed in Japan

索　引

Citizenship 巻末に収録された索引を元に，日本語版索引として作成した．それぞれの項目に続けて，理解に資すると考えられるページ数をあげる．〔　〕で示した言葉を含むページ数も当該の項目には記した．

さ　行

た 行

な 行

は 行

ま　行

ら　行

文献案内

概説的文献

この本の内容をさらに学びたいと思う人のために，何冊かの概説的文献や論文集がある．そのほとんどは，シティズンシップが歴史のなかでどう扱われてきたかということと，現代的な問題についての議論を組み合わせて論じている．

P. B. Clarke (ed.), *Citizenship* (Pluto Press, 1994) と H. R. van Gunsteren, *A Theory of Citizenship: Organising Plurality in Contemporary Democracies* (Westview, 1998) はそれぞれ，第2章で概要を述べた〔古代〕ギリシアとローマの歴史についての新しい情報を提供している．

J. M. Barbalet, *Citizenship: Rights, Struggle and Class Inequality* (Open University Press, 1988), T. Janoski, *Citizenship and Civil Society* (Cambridge University Press, 1998) と，B. Turner, *Citizenship and Capitalism: The Debate over Reformism* (Unwin Hyman, 1986) の〔3冊〕は，同じく第2章で論じた社会学的なテーマをさまざまな形で掘り下げている．

シティズンシップ論全体に目配せをした，役に立つ論文集は以下の2冊である．R. Beiner (ed.), *Theorizing Citizenship* (SUNY Press, 1995) と，E. F. Isin and B. S. Turner (eds.), *Handbook of Citizenship Studies* (Sage, 2003).

第1章

上記の概説的著作はすべて，第1章で論じた問題に取り組み，現代の状況に適合的なシティズンシップの定義を提起しようとするものである．

D. Heater, *What is Citizenship?* (Polity, 1998)（デレック・ヒーター『市民権とは何か』田中俊郎・関根政美訳，岩波書店，2012年）は，〔本書と〕同じテーマを多く扱っているが，本書で提示されたシティズンシップの説明とは，

多くの点で対照的な，より非政治的な説明を提供している．P. Norris (ed.), *Critical Citizens* (Oxford University Press, 1999) は，世界の主要な民主主義国における政治参加の形式の変化に関する有益な論文集となっている．

第 2 章

J. G. A. ポーコック (Pocock) の論文 'The Ideal of Citizenship since Classical Times' は，R. Beiner (ed.), *Theorizing Citizenship* (SUNY Press, 1995), pp. 29–52 に所収されている．M. ウォルツァー (Walzer) の 'Citizenship' は，T. Ball, J. Farr, and R. L. Hanson, *Political Innovation and Conceptual Change* (Cambridge University Press, 1989), pp. 211–19 にある．T. H. マーシャル (Marshall) の古典的な論文は以下の通り出版されている．*Citizenship and Social Class* (Cambridge University Press, 1950) (T. H. マーシャル「シティズンシップと社会的階級」T. H. マーシャル，トム・ボットモア『シティズンシップと社会的階級——近現代を総括するマニフェスト』岩崎信彦・中村健吾訳，法律文化社，1993 年).

D. Heater, *A Brief History of Citizenship* (Edinburgh University Press, 2004) と P. Magnette, *Citizenship: The History of an Idea* (ECPR Press, 2005) は，どちらもシティズンシップ概念の歴史をわかりやすく提示している．M. Mann, 'Ruling Class Strategies and Citizenship', *Sociology*, 21 (1987), pp. 339–54 は，T. H. Marshall に対する影響力ある批判であり，その一方，D. Held, *Political Theory and the Modern State* (Polity, 1989) の第 7 章はその擁護である．R. Bellamy, D. Castiglione, and E. Santoro (eds.), *Lineages of European Citizenship: Rights, Belonging and Participation in Eleven Nation-States* (Palgrave, 2004) は，ヨーロッパにおけるシティズンシップの発展を取り扱っているが，比較のためにアメリカに関する 1 章を設けている．アメリカにおけるシティズンシップについては，J. N. シュクラー (Shklar) による本を参照されたい．*American Citizenship: The Quest for Inclusion* (Harvard University Press, 1998).

第 3 章

シュクラーの〔上記の〕本の副題が示すように，成員資格《メンバーシップ》，包摂，排除の諸問題は，第 2 章に挙げた歴史的説明の中心的テーマを形成している．女性

が成員資格《メンバーシップ》を獲得することがシティズンシップをもつ集団に対して与える影響については，R. Lister, *Citizenship: Feminist Perspectives*, 2nd edn. (Palgrave, 2003) と，B. Siim, *Gender and Citizenship* (Cambridge University Press, 2000)〔の2冊〕が議論している．

多文化主義や民族的《エスニック》多様性については，W. Kymlicka, *Multicultural Citizenship* (Clarendon Press, 1995)（ウィル・キムリッカ『多文化時代の市民権――マイノリティの権利と自由主義』角田猛之・石山文彦・山崎康仕監訳，晃洋書房，1998年）と，W. Kymlicka and W. Norman (eds.), *Citizenship in Diverse Societies* (Oxford University Press, 2000)を参照してほしい．国籍とシティズンシップの結びつきについては，D. Miller, *Citizenship and National Identity* (Polity, 2000) が探求している．他方で，この結びつきが，移民，難民，難民申請者によっていかに疑問に付されるかは，R. Bauböck, *Transnational Citizenship: Membership and Rights in International Migration* (Edward Elgar, 1994); S. Castles and A. Davidson, *Citizenship and Migration: Globalisation and the Politics of Belonging* (Palgrave, 2000) と S. Benhabib, *The Rights of Others: Aliens, Residents and Citizens* (Cambridge University Press, 2004)（セイラ・ベンハビブ『他者の権利――外国人・居留民・市民』向山恭一訳，法政大学出版局，2014年）〔の3冊〕によって探究されている．

第4章

権利に基づいたグローバルなシティズンシップの，ポスト国民的《ナショナル》でコスモポリタンな形式を発展させる必要は，J. ハーバーマス(Habermas)の影響力ある論文である，'Citizenship and National Identity: Some Reflections on the Future of Europe', *Praxis International*, 12 (1992), pp. 1-19（ユルゲン・ハーバーマス「シティズンシップと国民的アイデンティティ――ヨーロッパの将来について考える」住野由紀子訳，『思想』867号，岩波書店，1996年，184-204頁）によって，ヨーロッパの文脈において明確に説明された．ハーバーマスに部分的に触発された論争は，以下に所収されている．K. Hutchings and R. Dannreuther, *Cosmopolitan Citizenship* (Macmillan, 1999). L. Dobson, *Supranational Citizenship* (Manchester University Press, 2006)は，これと並行して，権

利に基礎をおく議論がEUにおける発展によってもまた触発されていることを示す．これらの議論のわかりやすい概観は，D. Heater, *World Citizenship: Cosmopolitan Thinking and Its Opponents* (Continuum, 2002)が提供している．より一般的なコスモポリタンの理念は，C. Beitz, *Political Theory and International Relations*, 2nd edn. (Princeton University Press, 1999)(第1版の翻訳：チャールズ・ベイツ『国際秩序と正義』進藤榮一訳，岩波書店，1989年)とC. Jones, *Global Justice: Defending Cosmopolitanism* (Oxford University Press, 1999)によって擁護されている．

国内レベルでの権利に基礎をおくシティズンシップと，権利を憲法上保護させる必要については，R. Dworkin, *Freedom's Law: The Moral Reading of the American Constitution* (Oxford University Press, 1996)(ロナルド・ドゥオーキン『自由の法——米国憲法の道徳的解釈』石山文彦訳，木鐸社，1999年)によってもっともよく擁護されている．ドゥオーキンの考えは，以下〔の2冊〕において批判にさらされている．J. Waldron, *Law and Disagreement* (Oxford University Press, 1999) and R. Bellamy, *Political Constitutionalism: A Republican Defence of the Constitutionality of Democracy* (Cambridge University Press, 2007).

第5章

R. Dahl, *Democracy and Its Critics* (Yale University Press, 1989)とA. Weale, *Democracy*, 2nd edn. (Palgrave, 2007)は，政治的平等を担保する手段としてのシティズンシップの重要性を強調しつつ，デモクラシーへの賛否に関するさまざまな議論についての優れた概観を提供している．C. Pattie, P. Seyd, and P. Whiteley, *Citizenship in Britain: Values, Participation and Democracy* (Cambridge University Press, 2004)は，イギリスにおける政治参加の変化する形式を検討している．一方，P. Norris, *Democratic Phoenix: Reinventing Political Activism* (Cambridge University Press, 2002)とR. Dalton, *Democratic Challenges, Democratic Choices: The Erosion of Political Support in Advanced Industrial Democracies* (Oxford University Press, 2004)の2冊は世界的な政治参加の問題を取り扱っている．D. Held, *Democracy and the Global Order* (Polity, 1995)(デヴィッド・ヘルド『デモクラシーと世界秩序——地球市民の政治学』佐々木寛・遠藤誠治・小林誠・

土井美徳・山田竜作訳，NTT 出版，2002 年）は，コスモポリタンなデモクラシーを擁護する．その一方，A. Weale, *Democratic Citizenship and the European Union* (Manchester University Press, 2006）は，R. Bellamy, D. Castiglione, and J. Shaw (eds.), *Making European Citizens: Civic Inclusion in a Transnational Context* (Palgrave, 2006）と同様に，現在適用可能な唯一の国境を超えた〔EU という〕文脈における民主的シティズンシップについて論じている．C. Hay, *Why We Hate Politics* (Polity, 2007)（コリン・ヘイ『政治はなぜ嫌われるのか——民主主義の取り戻し方』吉田徹訳，岩波書店，2012 年）は，現在起きている政治からの離脱の程度と原因を探究している．

日本の読者のための文献案内

ここでは，本書の議論をより深く理解するために有益と思われる日本語の文献を紹介したい．

本書の第一の特徴は，現代におけるシティズンシップの性質を検討するために，まずは過去にあったシティズンシップの性質を歴史的・思想史的に辿り，それらとの比較から現在のシティズンシップの性質を明らかにしようとするところにある．この点で，次の5冊を勧めたい．

① 橋場弦『民主主義の源流——古代アテネの実験』講談社学術文庫，2016年

② 橋場弦『古代ギリシアの民主政』岩波新書，2022年

③ 桜井万里子『古代ギリシアの女たち——アテナイの現実と夢』中公文庫，2010年

④ 長谷川岳男・樋脇博敏『古代ローマを知る事典』東京堂出版，2004年

⑤ 相馬保夫「シティズンシップとマイノリティ」立石博高・篠原琢編『国民国家と市民——包摂と排除の諸相』山川出版社，2009年

①と②は，古代アテネ民主主義の制度と運用の実際を軽妙な筆致で描いている．また②は，市民の人数を統計的手法によって推定するなどの新しい情報も提供してくれる．③は，アテネ民主政における市民・非市民それぞれの地位にあった女性の実際を探求している．④は，古代ローマの複雑な制度を項目ごとに解きほぐし，複数ある民会の違いや，元老院，執政官，護民官といった主要制度の特徴と変遷を明らかにしてくれる．

⑤は，ヴァイマル期ドイツにおける国民国家化の進展と，自国内にいるマイノリティ諸集団の関係について論じた章である．ドイツ人労働者の権利拡張が，外国語を母語とするマイノリティの排除と相補的であったという指摘は，より一般的に，国民国家化がいかに包摂と排除をともなって出現するか

ということのひとつの事例として捉えることができるだろう．

本書の第二の特徴は，他の論者とは異なった参加を重視する観点からシティズンシップ論を構築していることである．ベラミー独自の観点を理解するためには，他の論者によるシティズンシップ論を踏まえておくことが必要である．優れた見取り図を提供してくれるのは，⑥と⑦である．

⑥ 岡野八代『シティズンシップの政治学——国民・国家主義批判　増補版』白澤社，2009 年

⑦ クリスチャン・ヨプケ『軽いシティズンシップ——市民，外国人，リベラリズムのゆくえ』遠藤乾・佐藤崇子・井口保宏・宮井健志訳，岩波書店，2013 年

⑥は，シティズンシップ論に限らず，リベラルな政治理論自体を批判的に問い直し，現実社会と理論の両方において周縁化されるマイノリティの立場からのシティズンシップ理論の構築を目指している．⑦は，シティズンシップは本質的に人びとの地位に関わるとしながらも，アイデンティティ，地位，権利というシティズンシップの三つの要素を合わせて分析する必要を説くとともに，リベラルな国家がシティズンシップによる包摂を次第に押し進めてきたことを論証した．

上記の通り，現代シティズンシップ論では，アイデンティティ，地位，権利という三つの要素について議論されることが多い．アイデンティティについては⑧を，地位については⑨を，権利については⑩をそれぞれ参照されたい．

⑧ アイリス・マリオン・ヤング『正義と差異の政治』飯田文雄・茢田真司・田村哲樹監訳，河村真実・山田祥子訳，法政大学出版局，2020 年

⑨ ロジャース・ブルーベイカー『グローバル化する世界と「帰属の政治」——移民・シティズンシップ・国民国家』佐藤成基・髙橋誠一・岩城邦義・吉田公記編訳，明石書店，2016 年

⑩ 木前利秋「シティズンシップの再編と「諸権利をもつ権利」」木前利秋・亀山俊朗・時安邦治編著『変容するシティズンシップ——境界をめぐる政

治』白澤社，2011 年

⑧は，ジェンダーや人種といったアイデンティティが社会構造を通じて作用する仕方を詳細に分析している(この点で，⑥と⑧は関心を共有している)．ヤングの議論は，集団間の差異を超えるとされるシティズンシップの構想が，特定の属性や領域を抑圧・排除する危険に目を向けさせてくれる．中立を装うカテゴリーがある集団を優遇し他の集団を劣位に置く作用への警戒は，ベラミーがあまり注意を払っていない重要な視点である．⑨は，歴史的展開を充分に踏まえつつ，ネーションが果たしてきている包摂的役割を限定的に擁護し，またその限りにおいて，国境を超えるシティズンシップの構想がもつ危うさを指摘している．⑩は，実定的な諸々の権利についてではなく，ベラミーも重視する「諸権利をもつ権利」についての論考である．ここでは，アーレントらの議論を踏まえつつ，この概念がナショナルな政治的共同体を超えて発展しうる可能性を考察している．

本書の第三の特徴は，シティズンシップ理論が，われわれの実際の社会生活におけるシティズンシップの実践と不可分であることに光を当てている点である．これは，ベラミーがシティズンシップの三つの要素のうち，政治参加の役割をとくに強調している点(例えば第 1 章の末尾)にもよく現れている．だが，彼の議論はイギリス社会を主として念頭においたものであるため，ベラミーの議論が例えば日本の社会にどう適用されうるかという問いは，本邦訳の読者に残されている．この点を考えるために，次の 4 冊を勧めたい．

⑪ ロビン・ルブラン『バイシクル・シティズン――「政治」を拒否する日本の主婦』尾内隆之訳，勁草書房，2012 年

⑫ エリン・エラン・チャン『在日外国人と市民権――移民編入の政治学』阿部温子訳，明石書店，2012 年

⑬ ビゼイ・ゲワリ『厨房で見る夢――在日ネパール人コックと家族の悲哀と希望』田中雅子監訳・編著，上智大学出版，2022 年

⑭ 大島隆『芝園団地に住んでいます――住民の半分が外国人になったとき何が起きるか』明石書店，2019 年

⑪の原著出版(1999 年)後の時代状況の変化はあるものの，日本の主婦たち

による，ローカルな人と人との関係性を軸としたシティズンシップの構想は，利益代表的な政治や政治の専門職化に対するオルタナティヴとして，いまだに示唆に富む．⑫は，在日コリアンの運動を中心に，日本のシティズンシップ政策の展開を描いている．国レベルと地方レベルでのズレといった，一国内に存在するシティズンシップの多層性も明らかにされる．

日本の街中にインド・ネパール料理店は数多いものの，そこで働く人びとについて私たちはほとんど知らないだろう．⑬は，不安定な状況におかれているネパール人コックとその家族のエスノグラフィである．⑭は，全住民の半分が外国出身である団地に居住する新聞記者によるルポであり，政治共同体における多数派と少数派の関係を考えるうえでの材料となるだろう．

最後に，本書ではシティズンシップ教育に関してはほとんど論じられていなかった．だが，この問題もシティズンシップ論の重要な論点であることは言を俟たない．

⑮ 近藤孝弘編『統合ヨーロッパの市民性教育』名古屋大学出版会，2013年

⑮は，ヨーロッパ――EU 離脱前のイングランドも含む――でどのようなシティズンシップ教育がなされており，それが国民教育とどの点で異なるか（また異ならないか）の見取り図を提供してくれる．